痕迹识人

王新宇　梁微微 ◎著

机械工业出版社

图书在版编目（CIP）数据

痕迹识人 / 王新宇，梁微微著．—北京：机械工业出版社，2015.8（2025.3 重印）

ISBN 978-7-111-51274-5

I. 痕… II. ① 王… ② 梁… III. 人际关系学 IV. C912.1

中国版本图书馆 CIP 数据核字（2015）第 189976 号

从人性的角度出发，借助痕迹分析、运用逻辑推理，准确地对人进行把握和判断，这样的能力不只是在面试中，在销售工作、团队合作与管理乃至生活中与他人相处方面，也都有着极强的实用性。本书帮助读者从痕迹入手，分析痕迹背后所隐藏的人的特质，快速提高看人、识人的能力，更好地驾驭与他人的沟通。同时可以帮助企业找到所需人才，更好地把握客户。

痕迹识人

出版发行：机械工业出版社（北京市西城区百万庄大街 22 号 邮政编码：100037）
责任编辑：方 琳　　　　　　　　　　　责任校对：董纪丽
印　　刷：三河市宏达印刷有限公司　　　版　　次：2025 年 3 月第 1 版第 19 次印刷
开　　本：170mm×242mm 1/16　　　　印　　张：15
书　　号：ISBN 978-7-111-51274-5　　　定　　价：69.00 元

客服电话：（010）88361066　68326294

版权所有·侵权必究
封底无防伪标均为盗版

当我们以为懂得了世界，也许，知道的其实仅仅是世界的皮毛；
当我们觉得洞察了人心，或者，看到的只是对方内心中的一角。

——题记

前 言
PREFACE

如果问：这个世界上最难把握的是什么？相信绝大多数人都会说是人心。如果接着问：比人心更难把握的是什么？我[⊖]想一定会有男士说：女人心。不是有句话，叫"女人心，海底针"吗？有意思的是，这句话虽然是老话，但并不是每个男人都能说得出来。

为什么有的男人能说上来，有的却想不到？原因很简单，每个男人对女人的认知有很大的差异。能说出这句话的人，应该是在这方面有过经历和感知，很可能就是被女人的"善变"伤害过的人。

这就是本书的主题——人心莫测。但人心能测吗？是否必须通过长时间心理学的学习和训练，才能掌握看人和识人的方法呢？

对人的分析，是一个自古既有的课题，到现代，心理学在这方面的研究，已经达到了很高的程度。但遗憾的是，大部分研究的方法和结果，对于普通人来说，虽不算诘屈聱牙，要熟练掌握

⊖ 本书中的各种故事和案例，均来自于两位作者的亲身经历与感知。为表述方便，在书中一律以第一人称（我）的方式来讲述。

的难度还是非常大的。如何能让大多数人，在不需要经过严格专业训练的情况下，通过工作和生活的实践，就能掌握他人的基本思路和技巧呢？

其实，不管什么样出身背景的人，绝大多数人在行为举止中，是有着其自身规律的。对这些规律的掌握，并不需要太多高深的心理学知识，我们只要能很好地把握人性的要点，敏感地发现一个人外显的痕迹，运用恰当的交流技巧，就能对他人进行有效的判断，从而找到与他人的和谐相处之道。这就是本书要介绍的三个方面的内容：

- **了解人性的基本规律**。这是我们对人进行判断的基础，也是我们掌握影响和改变他人的规律所在。了解这部分内容，可以清楚地知道什么时候看人最准，什么情况下能把人看透，以及如何影响甚至改变他人的价值观。
- **痕迹识别**。这是我们对人进行判断的有效切入点。痕迹的特点是无处不在。关键是我们能否从各种细节中发现对方的痕迹。就如同看这本书，当你看到这一段的时候，说明前面的文字已经让你产生了兴趣。为什么？是因为你过去的经历中，留下了痕迹——这个痕迹就是对如何了解人感兴趣。了解了痕迹形成的原因，并且掌握了对痕迹进行观察的方法，你会发现身边居然有那么多你从来没有注意过的、有意思的画面。
- **判断技巧**。只有痕迹，是不能简单地得出结论的，否则就是瞎猜。当我们发现痕迹之后，需要运用有效的交流方式，通过严谨的逻辑推理，得出更加趋近于事实的结论。这部分的内容，是介绍在沟通交流中，如何根据识别出的痕迹，进行更深入的交流和判断来得出结论。熟练掌握这种技巧，你会发现，谈笑间，真假了然于胸。

本书讨论的角度很多，无论是从事管理、销售、客服、人事工作，还是在生活中进行子女教育、家庭关系营造、婚恋交友等，只要是在与人打交道方面有了困惑，相信你都能从书中得到一些启发。

不敢说看了这本书能帮助你成功,但希望可以让你人生的后悔和遗憾少一些。

最后还要强调一点,很多道理理解和接受是一回事,在实践中的应用又是另一回事。没有不断坚持的自我重塑,也就没有真正的改变。

正所谓,知易行难。

目　录

前言

第一章　人生冲突多，烦恼可以少 // 1

第二章　辨心之道，何处入手 // 6
　　第一节　"是骡子是马拉出来遛遛"靠谱吗 // 7
　　第二节　画龙要诀在点睛，识人必先知人性 // 8
　　第三节　"三观"若毁，人性必失 // 18
　　第四节　人生非天定，霹雳一声改命运 // 22
　　第五节　酒桌识人效果好 // 25
　　第六节　小耍怡心情，大耍露人性 // 33

第三章　人生总有刺激，体验便是意义 // 38
　　第一节　刺激无处不在 // 39
　　第二节　不是每种刺激都会痛 // 41
　　第三节　新鲜弱刺激 // 42
　　第四节　新鲜强刺激 // 44
　　第五节　重复强刺激 // 56

第六节　重复弱刺激 // 57

第七节　强亦会弱，弱亦会强 // 71

第四章　洗脑，你行的 // 74

第一节　为什么他信你不信 // 75

第二节　要人信你胡话，必先自我神话 // 77

第三节　保持平常心，慧眼看世界 // 92

第四节　我凭什么相信你，我的敌人 // 95

第五节　拿什么拯救你，被"洗脑"的人 // 97

第五章　因为痕迹，你无处可藏 // 100

第一节　痕迹：生命的印记 // 101

第二节　为什么痕迹会暴露真相 // 105

第三节　从头到脚，由里及外看痕迹 // 107

第六章　外在痕迹多，读懂很欢乐 // 109

第一节　个人属性中的痕迹解读 // 110

第二节　穿着打扮中的痕迹解读 // 114

第三节　行为举止中的痕迹解读 // 158

第四节　言谈表达中的痕迹解读 // 178

第五节　关于外在痕迹的小结 // 188

第七章　捕捉内在痕迹，发现心中奥秘 // 189

第一节　事实与观点 // 190

第二节　判断真假的思路 // 195

第三节　判断真假的方法 // 198

第四节　只要你说话，便知你想啥 // 208

第五节　子非鱼，安知鱼之乐 // 215

第六节　真相重要吗 // 227

后　记 // 230

第一章
CHAPTER 1

人生冲突多，烦恼可以少

微言无忌

很多年前,我认识了一位领导,这位领导一直是以正直廉洁的面目示人,没有架子,和蔼可亲。那会儿自己很年轻,觉得能认识这样的领导真好,所以把她作为自己学习的榜样,内心有问题也愿意和这位领导倾诉,在领导面前,表达自己想法的时候也直言不讳。

但后来慢慢发现,这位领导在不少事情上背后给我下绊子,非常典型的当面一套,背后一套。有一次,公司做骨干人员调整,一个副总违反公司规则,搞暗箱操作。我作为项目的直接负责人,向这位领导做了汇报,因为她是公司的主管领导。结果她竟然将我"出卖",那位副总从此对我怀恨在心。

我意识到这位领导是有意为之后,百思不得其解。因为自己一直很尊重这位领导,而且是发自内心的尊重,实在想不出什么地方得罪了她。

直到有一天,同事里的一位高人看我可怜,跟我提了几件事,我才意识到,我无意之中,在与领导的个人利益相关的问题上,说了让领导不爽的话。其实,她根本不是表面上看起来那么好的人。

从此,我意识到一个问题:很多人并不是你以为的那样。在没有形成真正有把握的判断之前,"话说三分"的古训是非常有道理的。

你也遇到过这样的事吗?

☆老王解事

很多时候，特别是我们在与他人交往的时候，还没有搞明白对方是怎么回事，就采取了自以为恰当的交往方式，结果可想而知。就像微言无忌里的一样。说老实话，主人公还算幸运，因为有高人指点，估计有的朋友遇到类似情况，属于"最后都不知道怎么死的"。

人之复杂，在于多样和多变。其实就连我们自己，有的时候都搞不明白自己。

既然那么复杂，我们为什么要去了解他人？爱咋地咋地呗。如果你是一个人生活在孤岛上，这么想还真没什么问题。可现实中，我们所有的人都需要与他人相处。仔细想想，给我们带来各种人生苦恼的，是不是绝大多数都和与人的相处有关？

- 在工作中，你的领导看起来好像很平易近人，也很热情，而且经常跟大家说，工作中有想法要多提。可是有一次你在部门的会议上无意中公开表达了对他的想法的异议之后，似乎他对你的态度就发生了不小的变化。你后悔的同时在想，这事能提前预判吗？
- 你有个下级，脑子很聪明，上大学时学习成绩优秀，专业技术能力很强，你想把他培养为技术专家，可是你发现他好像志不在此，那以后到底该怎么带他？
- 你接待了一位客户，聊了一会儿，人家转身不聊了，可是另外一个接待他的同事，和他谈了之后，成交了。
- 你想给客户或朋友送些礼物表达感谢，可是人家好像什么都有，送什么合适？
- 你在追一个姑娘，一起也吃了两次饭了，可是你没法判断对方到底是不是对你有好感，怎么办？
- 组建了家庭，但发现由于成长环境的差异，和配偶之间在很多细节上会有矛盾，时间长了，次数多了，影响夫妻感情，难道是自己选错人了吗？
- 你的孩子不爱读书，也有一些不好的习惯，说了也不听。看到人家的孩子各方面都很优秀，非常郁闷——到底是孩子的问题还是家长的问题？

这些事，都是我们生活中常见的情况，换句话说，都是给我们带来冲突的根源。而这些事情背后的核心，都是与人相处的问题。如果想让自己生活得更爽，要不就是想办法让冲突不发生，要不就是发生冲突之后来解决。对于上述问题，你知道吗？

- 这样的领导，在穿衣打扮上是会体现出他的特质的，学会观察他这方面的痕迹，你就再不会犯同样的错误。
- 你的那个下级在平时的谈吐和行为上，也会把他的动机清晰地呈现出来，在你招聘他的时候，就可以清晰地观察到。
- 客户要成交，无非是由支付能力和购买欲望两方面来决定的。而这两方面，都会在他的穿着打扮、行为举止和言谈表达中流露出来。
- 想给客户或朋友送去贴心的礼物，价格高低只是一方面，了解对方的偏好才是最重要的。而对方的偏好，从他的外在痕迹和语言表达中一定能挖掘到。
- 姑娘如果对你有好感，从她给你讲的故事中就能判断出来，神奇吗？
- 美满的婚姻首先是要"志同道合"，因为这意味着价值观的相近与看待问题标准的相似性。
- 孩子的习惯形成，是有章可循的，包括环境的塑造都很重要。掌握了这个思路，就可以把孩子塑造成你希望的人。

通过上面的分析，我们可以看到，如果希望让自己的工作和生活更加平顺，就需要具备很强的对他人的把握能力。而对人的把握，都是从对人的观察开始的。

然而，正如前言中所说，人是这个世界上最复杂的物体，我们该如何有效判断他人？答案是：从对人性的分析入手。

☆ 开个茅塞

在了解怎样观察他人之前，先讲讲冲突处理的基本原则。

所谓冲突，就是不一致。所以，不要以为只有动刀动枪才是冲突。当我们和别人的想法不一致时，比如，是餐前吃水果好，还是餐后吃好，看法不一样，就是冲突。

从理论上看，冲突分成两类，一类是利益冲突，一类是非利益冲突。利益冲突的根本性解决手段只有一种：妥协。不是你妥协，就是对方妥协，或者双方同时妥协。而非利益冲突，其解决手段靠的则是沟通，也就是通过沟通达成理解和接纳。

例如，关于这段话，你可能会觉得应该先谈利益冲突，再谈非利益冲突。而我觉得反之，此时，我们之间并没有利益冲突，通过沟通，我接纳了你的看法，也达到了冲突的解决。

当然，现实中，有很多冲突其实是既有利益冲突的成分，也有非利益冲突的成分的。此外，同样的冲突，有的人会觉得是利益冲突，而有的人则不认为，这本质上又是由每个人的价值观决定的。

所谓情商高，从与人相处的角度来说，最重要的体现之一，就是在对冲突的处理能力上：是不是能防止冲突的出现；以及冲突出现以后如何去处理。无论是哪一点，都需要有很强的人际敏感性，也就是能准确把握和判断沟通对象，选择最合适的沟通方式。

有不少朋友对自己的情商不满意，也不知道如何有效训练，本书将致力于告诉你，如何通过对他人的细致观察、痕迹挖掘、有效沟通，提高自身的人际敏感性。你只要坚持按照本书所提到的刺激理论来训练自己的痕迹捕捉能力，用不了多久，就能迅速提升自己与他人的交流能力。

第二章 CHAPTER2

辨心之道，何处入手

第一节 "是骡子是马拉出来遛遛"靠谱吗

◎ 微言无忌

前几年有一部特别火的电视剧叫《潜伏》，里面有一位让我深深迷恋的小眼睛硬汉——余则成。这位兄弟坚守敌营，无论敌人用什么方法试探，都没有让敌人发现自己的真实身份。当有敌人对他产生怀疑时，他就毫不犹豫将其除掉。我很小的时候看过《红岩》这部小说，其中有一个疯子叫华子良，装疯装了很长时间，也没有被国民党的看守看出来。

可是这些经过艺术加工的作品里的角色真的存在于现实中吗？难道即使一个人天天生活在眼皮底下，你也未必能准确、真实地对他进行判断？那样，我们还怎么相信这个世界？

☆ 老王解事

关于怎么看清他人，用我国的一句老话来说，叫作：是骡子是马拉出来遛遛。意思就是要看人，还得通过这个人做事来看。国外的统计数字也表明，在企业用人时，在岗实践才是最准确的看人方法。

但这会有两个问题：第一，我们很多时候没有机会看到这个人做事；第二，我们的人生经验表明，就算通过一个人做事来观察，好像也不够准。这是为什么呢？

原因很简单，就是我们每一个普通人，在不同情况下的表现一定是有所区别的，也就是很多时候我们会"装"。不要觉得"装"不对，不考虑像地下工作这种特殊情况，这种工作和生活中的"装"，既有可能是人的自我保护，也有可能体现了对他人的尊重。

既然在"装"，说明就不是一个人最真实的体现。但很多时候，我们是非常需要了解对方的真实面目的。于是，我们就需要学会对人进行识别的两个要点：

- 知道一个人在什么情况下才会最真实。
- 知道一个人在什么情况下才会把骨子里的本性充分暴露出来。

上述问题，都是人性的基本规律问题。在我们具体了解怎么看人之前，先有了对规律的把握，再加上一定的技巧，就可以使我们看人看得更准。因为人性的规律对绝大多数普通人来说，其实是一致的。

☆ 开个茅塞

相信很多已婚人士都有这样的感受，一旦结婚以后，发现你的爱人和你之前预想的并不一样。特别是对很多女孩来说，会感觉到自己的老公和做男朋友时的表现有很大的差异，原因何在？

记得我曾在网上看到一篇文章，分析的是为什么我们往往会对其他的人客气，反倒对自己最亲近的人更容易发火。

这和上面讲的其实是同一个问题。说白了，就是结婚之前"装"，结婚之后不"装"了；在亲近的人面前不"装"，在关系远的人面前"装"。

因此，要想在婚前就知道你的另一半到底是什么样的人，请认真阅读本章的后面几节。

第二节　画龙要诀在点睛，识人必先知人性

○ 微言无忌

2013年有一则新闻，我一直印象深刻。说的是四川一个19岁的女子，为了见被关在监狱里的"丈夫"，把自己一岁多的亲生儿子给活活掐死（幸好孩子没死，被救过来了），过程还专门录了视频，然后带着视频

去派出所投案自首。

这简直人神共愤啊！当时看到这则新闻的时候，就想这女人要不是精神有问题，要不就是吸毒了。于是查阅后续的新闻追踪，果然，司法鉴定的结果显示其有精神障碍——希望这是真的。

☆ 老王解事

上面的故事，我相信基本上所有人都会匪夷所思，因为这不是正常人会干的事。

那么，什么是正常人？其实就是行为举止符合基本人性规律的人。符合人性规律，并不是对错评价，而是符合大多数人的共性行为特征。例如，古语所云：天下熙熙，皆为利来；天下攘攘，皆为利往。就是对人性规律的评价，无论你是否喜欢，这是客观事实。

关于人性，会有很多解释，做心理学研究、哲学研究或是社会学研究的，定义也不太一样。这本书不是一本理论研究的著作，我们只是从实践的角度来谈人性。所以，我们可以看看现实中，人性是什么。

结合关于人性的一些理论，我们可以把人性分为三个层面：

人的动物性本能

第一个层面，是人作为动物的基本属性。饿了吃，困了睡，虎毒不食子，这些都是人性。

这个层面的人性特点与所在的国家、社会和种群没有关系，属于人性最基础的本能，与动物性行为很相似。如果用心理学中马斯洛的需求五层次理论来说，属于最底下两个层次的需求：生理需求和安全需求。

对于绝大多数人来说，行为举止要违反这种动物性本能是非常困难的。所以当一个人的所作所为与这种最基本的人的动物性本能都不一样的时候，夸张一点说：他不是人，可能来自外星。

在平时生活中，这种情况出现的频率不算太高。如果出现了，通常有两种可能性：

1. 非"常人"

不是"正常人"的意思，有两个含义：可能是"神"，也可能是"鬼"。也就是既有可能违反了人的动物性本能（包括因精神疾病、吸毒等所导致的），也有可能是具有我们一般人所不具备的极其强悍的自我控制能力和特质。

比如说我们所熟知的英雄人物邱少云，为了不暴露大部队，忍住巨大的疼痛，被烈火焚烧至牺牲。如果从人的动物性本能来讲，当遇到着火的时候，我们的选择一定是往安全的地方跑，邱少云没有跑是一方面，更关键是他能在清醒的状态下忍受那种剧痛而一动不动，这绝不是一般人可以做到的。

很多人会质疑这个事迹的真假，这个质疑其实本身也是合理的。因为这不符合常理和常情，至少，当燃烧弹在活人身上燃烧时，其疼痛所引起的肢体的下意识应激反应，是大脑很难控制的。

这里我们想提醒一下：从概率角度来说，这样的人一定会有，正因为大多数人都做不到，邱少云能做到，所以他才是英雄。如果我们在生活中遇到了这样的人，请膜拜之，因为你碰见的是"神"。

在本节吐槽的"杀子见夫"的事件里，很显然，那名女子的做法完全违反动物的本性。这种情况，就是我们所说的"鬼"。这种情况在生活中其实也不多见。

2. 刻意在隐瞒

一个人的行为举止，违反了这个层面的人性规律，但他既不是"神"也不是"鬼"，那说明对方可能在做一些非常刻意的事情，也就是在"作假"，或故意伪装。

这里之所以用引号来表明，是因为这些"假"未必是恶意的，也可能是出于善良的本意的。

例如，母亲为了保护自己的孩子，自己摔了一跤，把膝盖都蹭破流血了，孩子问母亲：妈妈，疼吗？很多母亲都会笑着跟孩子说：不痛。这个回答本身肯定是假话，破了能不痛吗？但对于母亲来说，这样回答孩子，是不想让孩子担心。这种做法本身也是符合人性的，是母亲对孩子在心理上进行保护的本能，符合我们后面讲到的第二层面的人性特征。

第一层面的人性本能，是我们对他人进行判断的很重要的基础：当一个人的说法与做法，与常规的行为有着非常巨大的差异，特别是违反了人的动物性本能时，要不他在"作假"，要不就是背后一定有重大的原因，导致他在刻意隐瞒。

同时，与人性的本能违反得越强烈，这背后的原因就一定是越值得考虑和关注的。就我的观察来说，遇到这种情况，"作假"或企图隐藏什么，绝对是大概率事件。

☆ 开个茅塞

我们应该都会发现，中国民间（包括某些社团）喜欢供奉关云长。其中一个重要的原因是关云长义薄云天，忠义双全。可是三国里鞠躬尽瘁、死而后已的诸葛亮，无论是忠还是义，我看也着实不差。

但如果从人性的第一层面的理论来分析，供奉关先生而不是诸葛先生，是有道理的。因为关先生在刮骨疗毒的同时，还能饮酒食肉，谈笑弈棋，此非常人所能为，使他更具备了"神"的气质。

不过，话说回来，这种供奉其实本身就充满了迷信的色彩，更多是一种自我安慰而已。干了坏事，终归要受到惩罚，供奉谁都没用。

人与动物的区别

第二个层面的人性，则是人和动物之间的区别，也就是人作为高等动物，能脱离动物世界的共性的基本特征，包括人的自我约束。这个也与所在的国家、地域和社会环境没有太直接的关系。

比如说我们对爱的需求，对社会交往的需求，对幸福生活的追求，对家庭和他人的责任等。这个层面的人性特点是没有明显的地域性特征的，就好比有句话所说：有人的地方就有江湖。这句话其实反映的也是这个层面的人性特点。因此，当一个人的行为举止与这种基本属性相违背的时候，也是非常可疑的。

所有人都会既有优点，也有缺点，当一个人完美无瑕时，其实反倒是令人置疑的。

必须得说，这些年我们看到的香港警匪片，以及像是经典电影《这个杀手不太冷》这样的片子，会给人留下比较深刻的印象，其实就是因为符合了人性的基本规律，代表正义的警察也有不好的一面，代表邪恶的匪徒也有善良的一面。越是符合人性基本规律的东西，往往会因为其真实而容易让他人相信。

☆ 开个茅塞

"大义灭亲"这个词，往往是以正面形象出现在我们的面前的，不能说一点道理都没有。但仔细想想，在某些情况下，大义灭亲和第二层面的人性特征其实是不相吻合的。对于至亲来说（翻脸的除外），让一个人亲手干掉一个亲人，或者将亲人绳之以法，对当事人来说，应该是很痛苦的。这么做可能合理，但很少合情。

我国的刑事诉讼法，长期以来，在证人制度中实行的是强制作证主义，即使是犯罪嫌疑人的直系亲属，也有着作证义务，也就是鼓励"大义灭亲"。但从人性的角度来说，这其实是与人性的本能有着巨大冲突的。修改之后的刑诉法则引入了亲属特免权制度，规定了犯罪嫌疑人的直系亲属可以享有法律赋予的，拒绝对已掌握的与案情有关的事实向公安司法机关陈述及提供相关证据的权利。

在我看来，违反人性的法律是不能持久的，这种修改是顺应了人性的本能，也是我国法制建设在不断完善和进步的真实写照。

与所在人群相关的共性特征

微言无忌

某女性朋友曾经跟我吐槽，自己母亲最让她崩溃的事情之一，就是丝袜破了不许扔，老太太会亲手补完，再让她穿。无论她怎么跟老太太解释，补完的丝袜穿不出去，老太太都会坚持这么做。因为老太太的观点是：挺好的东西，补一补就能穿，扔了太可惜了。

这个故事告诉我们：如果丝袜破了，赶紧偷偷扔了，别让你妈看见。

老王解事

没猜错的话，这位女性朋友的母亲当年一定吃过不少苦，而且苦日子还过了很长时间，所以形成了这种勤俭持家的习惯。这个特点，在20世纪30年代到50年代出生的人身上，表现得非常明显，跟当时整个社会的发展状况息息相关。这就是第三个层面的人性：价值观。

这个层面的人性特点，是与所在国家、社会和民族高度关联的共性的人群特征。

如果分别用一句话来概括三个层面的人性差异，就是：

- 第一个层面的人性属于人的动物性本能；
- 第二个层面的人性与所在的民族和社会没有直接关系，属于人和动物的区别；
- 第三个层面的人性则有着非常明显的地域性和种族性的特点，或者说，与他所在的社会或群体的价值观是高度相关的。这个群体可以是一个国家，也可以是一个民族，甚至是一个部落或村庄，三个层面的人性分析如图1-1所示。

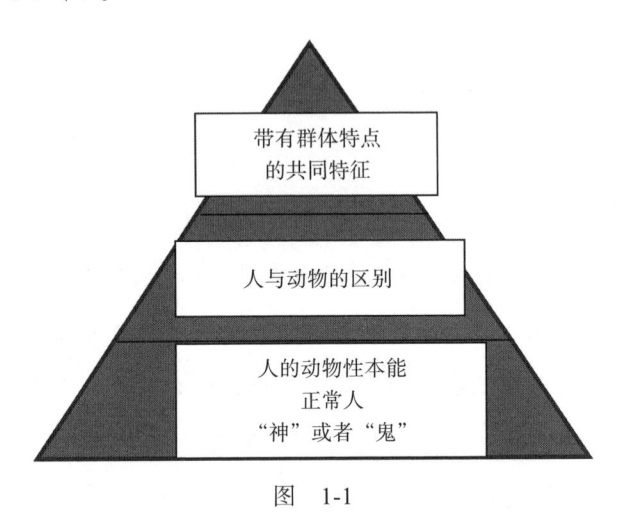

```
         /\
        /  \
       /带有群体特点\
      / 的共同特征  \
     /--------------\
    /                \
   /   人与动物的区别   \
  /--------------------\
 /                      \
/      人的动物性本能      \
/         正常人          \
/      "神"或者"鬼"       \
/_____\
```

图　1-1

比如说在中国，赡养老人是最基本的人性的要求，但不是每个国家和民族，这点都是共性的要求。因此，一个人的成长环境，使得他应该具备这个环境中符合群体共性特点的人性规律。当他的行为举止不符合这个规律的时候，请注意——痕迹因此产生，也就是这种差异，成为我们对人进行观察的重要切入点。

就拿加班的例子来说，在亚洲国家，特别是东亚国家——我国、日本和韩国这样的国家，职场男性加班是被视为非常正常的事情，对于加班多的男性，往往评价还会比较正面。而在欧美国家，这样的评价则是有很大不同甚至相反的。可以说，这个层面的人性，体现的是一个个体所在社会或群体的共同价值观。

此外，这个层面的人性特点，还有一个与前两个层面不太一样的地方，是跟时代的变迁高度相关的，即不同年代的人会形成不同的人性特征。

现在我们看到很多女孩，夏天穿的所谓的热裤、超短裙，往往比膝盖高5公分到10公分或者20公分，上身的着装也很清凉。在这个年代，大家会觉得这代表了女孩对身材的自信，评价还是正面的居多（只要不是穿那种特短的小短裙）。此外，有些"80后""90后"的女孩，会去摄影棚里拍摄裸体写真（通常摄影师还是男性居多），出发点是要给自己的青春留下纪念。可如果时光倒流到30多年前，穿超短裙的女孩走在街上，得到的评价基本上是负面的，更不要说是去拍裸照了。

这就是我们讲的时代的变迁。这种时代的变迁会带来价值评价的重大变化。每个国家、社会在不同时期，都有着不同的评价体系和评价标准，在这个时期内成长起来的人，通常会具有这个时期所在环境下的共性行为特征。这就是为什么我们经常发现父辈的人看不惯子辈，其实很多时候就是不同年代价值评价体系的差异所导致的。

当然，有一点需要指出的是，中国近30年来的社会发展和变迁，有很多传统的价值观被冲击，社会的评价体系在多元化的同时，也的确出现了一些特别过分的"无节操，无下限"的现象。而在这个年代成长起来的不少人，在他们的人性特点上，也会出现与中国传统价值观相背离的特点。这种多元化使得其他年代的人，对这个年代中成长起来的人的理解和判断难度明显增加。

☆ ☆ ☆
☆ 开个茅塞

我问过身边很多年龄相似的朋友，发现我们这一代人的父母，到饭店吃饭的时候，如果菜点得有点多，吃不完，打包又好像不是很值当，老人们往往是宁愿撑着，也决不浪费。穿衣服也是，通常不穿烂，就不会扔掉。而"80后"和"90后"，往往把衣服当成快速消费品，只要不喜欢，就不再穿了，放在衣柜里，或者直接处理掉。而老人们节俭的行为特征，实际上是与他们过去所生活的年代高度相关的。

他们曾经历过缺衣少食的岁月，因此他们对于物质的看重和节俭程度是要远远高于成长于丰衣足食年代的人的。

理解了这个层面的人性特点和不同时代下的人性特点，对于我们与他人的相处，能真正理解他人，是非常重要的。所以，很多年轻人在给自己的父母买东西时，常常使用的一招是不告诉父母东西的价格，或者告诉父母，这是别人送的、单位发的，免得他们因为觉得太贵，不舍得穿用。

在我看来，这就是由于理解对方的人性特点而选择了良好的相处方式。

人性规律的运用

三个层面的人性特点，如果从现实运用来说，倒未必需要分得那么细，因为我们在实践中对人的观察，本身就是在特定环境中的，我们都是生活在某一个特定群体中的人。

在对人进行观察时，我们只需要把握对方的做法与通常的人性特征是不是相违背。如果相违背，提醒自己：第一，他是不是在说假话；第二，他的行为举止背后是不是有着某些特殊的原因。

☆☆ 开个茅塞

1. 茅塞一根草：我想起了某著名的慈善人物。

茅塞开花：这位著名的慈善人物的所作所为，并没有违反前两个层面的人性规律，但在第三个层面上，则是有着明显疑点的。作为一个20世纪60年代出生的人，他在成长中受到的教育和灌输应该是"做好事不留名""人怕出名猪怕壮"，但他却不断采取各种匪夷所思的做法来挑战我们的想象力，甚至闹出了不少笑话。

其行为的背后，一定有着外人所不了解的原因，而并不仅仅像他自己说的那样，用这种方式来鼓励更多的人投身慈善事业。毕竟，要达到同样的效果，还有很多方式可以选择。

由于不了解其真实原因，我们不可以随便下结论。至于很多人对他"作秀"的评价，从我们现在所了解的信息来看，这只是可能性之一，未必是真正的原因。

2. 茅塞两根草：让孩子主动学习符合人性的基本规律吗？

茅塞开花：从人的动物性本能来说，孩子肯定是不愿意学习的（这里所说的学习，是为成年以后能独立生存进行的学习，而不是对玩耍的学习）。但从第二层面和第三层面的人性来说，主动学习则是符合基本规律的。因此，我们教育孩子，其实就是帮助他们从出生时，仅仅具备动物性特征的婴儿，慢慢成长为一个符合其所在社会基本价值观的独立个体。

这些年，国内在孩子的教育方面，我觉得存在的一个趋势是过度纵容，并且这种纵容还打着"让孩子自由快乐"的旗号，所谓让孩子"快乐就好"。有一些家长所认同的"快乐学习"，也是让孩子愿意学就学，不高兴学就拉倒。

严格来说，在学习中找到快乐和快乐学习，并不是一件事。就人的动物性本能来说，是不愿意学习的，因为学习本身意味着付出，意味着辛苦。相信很多家长看见郎朗那么年轻就取得了这么高的成就，欣羡不已，最后会把他的成功仅归于天赋。他有天赋，这个肯定没错，但不知道这些家长有没有想过，他如果没有小的时候每天坚持长时间的练习，能达到今天的高度吗？在他最开始被要求每天要练习七八个小时甚至更长时间的时候，当时的他是快乐的吗？我相信后来已经不再需要他父母的监督了，因为在学琴的过程中，他自己找到了快乐。

所以，快乐学习本身，并不是指让孩子高兴学就学，不高兴学就可以放弃，而是要引导孩子在学习过程中，自己找到学习的快乐与成就（这些成就很大程度上来自于父母或外人对于他们进步的认可），从而不再把学习当成负担。

第三节 "三观"若毁，人性必失

💤 隔壁老王说段子

刚参加工作的时候听单位老同志给我讲过一家修理厂里的一朵奇葩的"传奇"。那小子好钱，有一次其他工友逗他，说是如果他把整瓶醋喝下去，就给他100块钱。

这事发生在20世纪80年代，那年代100块可是个大数。结果这小子确认对方说话算数之后，二话不说，真的就把整瓶醋喝下去了。提议的人完全没有想到，一句玩笑话，奇葩当真了，最后只好付钱。

有老同志评价说，要是日本鬼子来了，这小子肯定头一个做汉奸。信也。有个朋友跟我说过他的观点：没有人性的人肯定不会做出有人性的事情。这句话仔细品品，挺有道理。

千万不能高估了"无节操，无下限"的人的底线，他们可能去做的事情，会远远超过我们的想象。

☆ 老王解事

前面讲了关于人性的分类，目的在于，我们需要意识到：人性的基本规律，是我们对他人进行观察和判断的逻辑推理的基础。所谓符合人性的规律，就是符合特定社会环境下大多数人的通常做法。显然，喝一大瓶醋这事，一般人干不出来。那么，在现实生活中，每个人的人性特征，最后会落脚在什么地方？

人性的落脚点

当一个人的做法不符合大多数人的通常做法，也就是体现出与同类人不一致的表现（即后面所提到的痕迹）时，我们不能只是简单地得出结论——此人没有人性，而是要了解造成这种现象的原因是什么。

不管什么原因的喝醋，这种行为的背后，往往能准确反映一个人的"三观"：世界观、价值观和人生观。对这几个我们耳熟能详的词，还是先回顾一下到底是什么意思：

- 世界观是人们对世界的总的根本的看法。
- 价值观则是我们用来评价行为、事物以及从各种可能的目标中选择自己合意目标的准则。更通俗地说，价值观就是我们看待事物的标准。价值观是世界观的核心，是驱使人们行为的内部动力，是一个人行为举止的根本出发点。
- 人生观是对人生的看法，也就是对于人类生存的目的、价值和意义的看法。人生观是由世界观决定的。人生观可以用三个问题来描述：我从哪来？到哪去？我到底是谁？

从上面的解释中可以看出，"三观"中的核心是价值观。价值观不同，人生道路将完全不一样。所以，价值观也是我们在对人进行判断时的重点所在。

所以，我们要了解他人的人性，其实最后会落脚在观察他人的价值观上；而对他人的价值观的观察，其实就是了解他人看待问题的标准。

没有人性，不是说这个人真的就是个怪胎，而可以理解为其价值观的底线标准非常低，在行为中，就会做出很多为人所不齿的事情来。

在生活中，我们经常会发现，同一件事情，不同的人的看法居然会有巨大的差异。造成这种差异最根本的原因就是价值观。无论是一个国家还是一个组织的管理者，都可以明显地感觉到，与30年前的中国相比，现在要统一大家的思想和认识已经变得非常困难，没有一个人可以让自己的想法被所有人都接受。

在这 30 多年的时间里，中国一个很明显的变化就是传统价值观被冲击得非常厉害，而社会共同遵守的新的价值观体系没有完全形成，产生了价值观的极度多元化，这种极度的多元化已经超过了人们可以控制的范围。

价值观的形成

在谈如何判断价值观之前，先要搞明白价值观是如何形成的。

一个人大概在青年时代，价值观就基本成型了。价值观的重要特点之一，就是相对稳定性。因为价值观的相对稳定，使得它对我们去判断一个人未来的行为有着很好的参考价值。例如，现在有不少年轻人会文身，但你应该能判断出，你身边哪些年轻人基本上不会去文身。文身看起来是个审美问题，但审美观背后的核心，其实还是价值观。

价值观的形成和我们所经历的事物有很大关系，因此，如果某个国，通过控制民众对外部事物的了解和认知来控制民众的思想，那么他们的价值观可以达到某种程度上的高度统一。因此，我相信这个国家有很多人应该是真的发自肺腑地认同政府所宣传的那些东西的。

由此，我们能得出一个非常有意思的结论：要想控制一个人的思想，首先要控制他所接触和了解到的事物。道理即在于此。

可以说，一个人过去的经历决定了他对待别人的态度，也就是他的价值观。被宠惯的人，与人交往时，往往只顾自己，缺乏对他人感受的感知；被伤害过的人，与人交往时，下意识会有防备的心态，缺乏安全感；被轻视惯了的人，与人交往时，会表现出畏缩，很难有自信。所以，内心强大与平等待人兼得，是件不容易的事。

第二章 辨心之道，何处入手

☆ 开个茅塞

茅塞一根草：为什么身边的奇葩越来越多

茅塞开花：目前存在的价值观的多元化，就会产生我们每个人看待事物的巨大差异。巨大差异的好处，是使这个世界充满了多样性，各种创新的想法和事物不停涌现。不好的地方，是使得人和人之间交往的难度开始增加，世界变得非常复杂，我们对他人的判断越来越困难。

因此，更直白地说，你会发现身边的奇葩无处不在。那是因为他们的价值取向与你有着巨大差异。而反过来说，在别人眼里，你可能也是一朵奇葩。所以，学会理解奇葩，欣赏奇葩，也许，你会进入到一个你从未想进入过的世界。

茅塞两根草：为什么现在很多老人带大的孩子，往往变成了我们讨厌的"熊孩子"

茅塞开花：中国有句古话，叫"言传身教"。不要小看了言传身教的力量，孩子的很多习惯和价值体系，是和周边的成长环境高度相关的。而成长环境最主要的是家庭、学校以及身边接触密切的人。所谓"近朱者赤，近墨者黑"，就是这个道理。

我们经常可以看到，有不少老人，带孩子在游乐园玩耍的时候，只要遇到孩子之间的冲突，都会首先冲上去护着自己的孙辈，遇到有好处的事，也会奋勇向前为自己的孙辈去争。这些行为，实际上就是在不断给孩子进行教育，使得他们将来在与他人相处时，总是会下意识地把自己的利益放在第一位，并且认为这种做法是理所当然的，也就是更容易以自我为中心。而一旦他们自身的欲望无法得到满足时，他们也会非常缺乏靠自身去解决问题的能力。

近20年来，由于中国的经济发展和人口结构的变化，很多年轻父母因为忙于工作，都是让老人帮忙带孩子。这些六七十岁的爷爷奶奶，自己年轻时吃了不少苦，加上条件所限，对自己孩子小时候的很多要求都无法满足，内心会有比较明显的代偿心理。在带孙辈的时候，往往容易出现放松要求甚至溺爱的情况，也就是我们俗称的"隔代亲"。没有底线的教育方式，将来会让孩子在社会上与人相处时，变成他人难以接受的人。

所以，就我个人的经验来看，不管出于什么样的原因，把孩子丢给父母去带，孩子的成长，是比较容易产生问题的。

第四节　人生非天定，霹雳一声改命运

◯ 微言无忌

冯小刚导演的大片《1942》里有一个张涵予演的牧师（我好喜欢硬汉）。在电影开始阶段，我们会看见他非常虔诚，为了让琴师在一位饿死的地主婆的葬礼上拉琴，把自己的口粮都给了琴师。他做这件事，真的是没有任何自身利益的，完全来自于坚定的信仰。但是当经历了一路坎坷，目睹了日军的残暴和血腥杀戮，最后走到一个教堂，在面对美国老神父的时候，他问了老神父几个问题：上帝到底有没有眼？如果有眼，他有没有看见？如果看见了，他为什么不管？——多么富有逻辑的追问！

老神父怎么回答的呢？他说：这事不是上帝干的，是恶魔干的。接着牧师又问了一个问题：那上帝到底打不打得过恶魔？如果打不过恶魔，我干吗要信"上帝"？——多么犀利的问题。神父的回应是：孩子，你累了，快睡会儿吧！

好心塞的剧情！显然，在那一刻，牧师的价值观已经发生了根本性的动摇。

☆☆ 老王解事

前面说过，价值观的特点是很稳定。可是，稳定就意味着一定不会变化吗？如果不会变化，《1942》里牧师的转变怎么解释？如果变化，什么情况下会变化？

仔细想想，我们每个人其实都是这样，在成长的过程中，会有一些事件，这些事件会使得我们对问题的认知基础发生重大的偏移，而这些事情与《1942》中的牧师所遇到的事情相类似，一定都是在我们的人生中带有重大冲击性的事件。更直白地说，就是我们受挫了，而且是重大挫折。

所以，在《1942》这个片子中，非常清晰地展现了一个人为什么价值观会发生变化，是因为他遇到了人生的重大挑战、挫折或者失败。

这个原理，对于我们塑造或影响他人的价值观，是非常重要的。当一个人受挫时，他对既有的看待事物的标准会产生质疑，在这种时候，如果有外界的力量给他引导，或者因为过去某些经历所勾起的回忆，就会让他产生对外界事物新的看法，这种看法也许好，也许不好，但不管怎样，都有可能是和原来的价值观有着巨大差异的。

为什么外界的力量引导或过去的回忆会产生变化的效果，我们在下一章中将详细展开。

☆☆ 开个茅塞

茅塞一根草：一个人的初恋对于他/她今后的婚恋态度影响大吗

茅塞开花：现在大多数人的初恋，能成功走入婚姻的不多。但相信大多数人第一次恋爱都是认真和投入的，而第一次恋爱的结果，对于他/她今后的恋爱观和婚姻观，影响可能都是一辈子的。当然，这和恋爱结束的方式关联度很高。如果是以非常糟糕的方式结束，例如，其中一方出轨了，往往会给另一方未来的恋爱和婚姻产生很大的心理影响，比如对将来恋爱的另一方不信任，等等。如果是双方发现彼此不适合而采取了友好分手的方式来处理，就不容易成为重大挫败。

所以，对于父母来说，当自己的孩子第一次恋爱结束时，及时给他们正确的引导，反倒更有可能帮助他们建立合理的婚恋观。遗憾的是，很多父母在这个时间点上，并没有给自己的孩子施加正确和有效的影响，错过了帮助自己的孩子在未来建立幸福家庭的良机。

茅塞两根草：我是一个管理者，我能改变员工的价值观吗

茅塞开花：对于管理者来说，影响和塑造自己员工的价值观，也可以遵循前述的规律。首先要思考，对员工来说，哪些算是他们遇到的重大挫折或挫败？例如，本来员工觉得应该轮到自己晋升了，但发现最后的晋升名单中并没有自己，这往往属于重大挫折。而且希望越大，最后没能实现时，挫败感越强。此外，员工遇到了家庭的重大变故，和自己的上级出现了你死我活的矛盾并且屡屡被暗算等，都是员工的重大挫败。在这些时间点上，对他进行引导，影响的效果将是非常长远的。

但这么做，有一个基本的前提，就是员工对你有足够的信任，至少是不排斥。因为信任，所以他才会向你敞开内心世界，你才有可能真正了解他受挫的原因和心理感受；因为不排斥，你对他进行引导时，才会有效果。

茅塞三根草：作为父母，怎样才能塑造出孩子积极健康的价值观

茅塞开花：由于社会价值观的多元化，很多年轻的父母对于如何塑造孩子积极向上的价值观，感觉到难度越来越大。理解了价值观的改变规律后，就可以思考这样的问题：什么时候是孩子遇到重大挫折的时候？

显然，对于一个成绩一直还不错的孩子来说，某次考试一下出现了不及格，或是名次急剧下降，就属于重大的挫折。在这个时候，给孩子一些指导和鼓励，而不仅仅是指责，对孩子的影响，甚至可能是终生的。

我的儿子4岁左右的时候，参加了一场游泳比赛。那时他学会游泳的时间也不长，在参赛的小朋友里，他的年龄最小，一起比赛的最大的孩子差不多有 12 岁，年龄和他最相近的孩子也有 6 岁多了，完全不是一个数量级的。比赛其实就是从泳池一侧游到另外一侧。

他刚游到 1/3 的时候，游得最快的孩子都上岸了。我在泳道边上，跟儿子喊：没关系，能游到终点就是胜利！等他吭哧吭哧终于靠岸后，我跟儿子说，今天你很厉害，一会咱们吃大餐去。

吃饭时，我跟小家伙讲，今天爸爸很满意，不是因为你游了个倒数第一，而是你坚持下来了。吃大餐奖励你的原因，是想告诉你，以后遇到困难和挫折时，不要轻易放弃，坚持才有可能成功。小家伙含着满嘴的食物，似懂非懂地点点头，然后把头又埋入了面前的美食中。

随着孩子慢慢长大，不敢说多出色，但至少在面对各种挫败时，他的情绪状态总体还是比较稳定和正面的。对孩子来讲，有挫折很正常，挫折也是他们成长中非常必要的经历，但家长在他们遇到挫折时的处理方式，会影响到他们未来面对人生的态度。

第五节　酒桌识人效果好

○ 微言无忌

据说，不少著名的企业家都喜欢在酒桌上识人。我从网上看到一篇文章，就写了几个吃饭时识人的例子。

某著名企业家 A，有一次想挑一名财务人员，本来看中了一个小伙子。可是一次吃饭时，他发现那小伙看到桌上有名牌香烟，便很主动地拿着烟来给大家发。不过由于很多人不抽烟，于是他一根接一根地抽，直到吃饭结束后，还剩下不少，他就把剩下的烟放进自己口袋带走了。就这样，这位企业家否定了此人。

另一个著名企业家 B 则喜欢吃饭时大脑非常清醒的人。早年有一次他招人,四个年轻人都很优秀,让他难以定夺,于是他便请四个人去吃饺子。吃的时候,他与大家谈笑风生,饭后他问四个人吃了几个饺子,其中三个人都说不知道,只有一个人说自己吃了 32 个。于是,这个人被录用了。

故事真假不去管它,问题是:这种方法靠谱吗?

☆☆ 老王解事

虽然我们知道了,要看清楚和了解他人,最后的核心是了解他的价值观,但遗憾的是,我们每个人都有在他人面前隐藏和掩饰自己的倾向性,这本身也是符合人性的规律。因此,如何准确判断他人,除了后面要讲述的方法外,还有一个非常关键的问题要明确:什么情况下一个人最真实?

人什么时候最真实

在思考这个问题之前,我们可以想想,我们有谁从来没有骗过父母?结婚以后有没有骗过爱人?有孩子之后有没有骗过孩子,或是在孩子面前刻意伪装?这里说的"骗",当然是没讲真话的意思,包括出于好意的隐瞒。

我相信所有人都干过上面的事。没结婚的,结婚以后肯定会干。没孩子的,等有了孩子,肯定也要"装",因为不"装"的父母,就不是称职的父母。

也许有的人会说,我讲的假话,是善意的谎言。不管你出于什么目的讲的假话,从结果上看,那都不是最真实的你。

其实,从人性的角度出发,我们之所以会做出上面的事情,是因为我们会顾虑对方的感受,考虑到对对方的影响。就像父母年纪大了,就算我们工作上压力再大,父母问我们的时候,我们通常也会说"挺好的",以免他们担心;在孩子面前,我们会克制住自己一些不良的嗜好和冲动,就是为了防止给孩子不正确的示范作用。这些,都是上面讲到的"装"。

因此，在我看来，必要时不在父母面前做些隐瞒的，不是孝顺的子女；不用些小伎俩在爱人面前蒙混过关的，就是不珍惜婚姻；不在孩子面前"装"的，不是好父母。当然，这里讲的"装"和"骗"是从哪个角度来说的，应该不用多解释了。

举这样的例子是想说明一个很有意思的问题：父母、爱人和子女是我们最亲密的人，但是在他们面前，我们都不是毫无保留的真实。那我们在什么时候才是百分之百真实的呢？

有过自己单身居住经历的人肯定能意识到，只有在自己的家里独处的时候，我们才是最真实的。你可以进屋把袜子乱丢，你可以不刷牙、不洗脚就睡觉，你可以吃完饭不洗碗扔在池子里泡一周，你可以蓬头垢面地在屋里走来走去。

为什么一个人在安全的环境下独处的时候最真实

因为只有在自己的家里，我们才是感觉最安全的；只有自己独处的时候，我们才是最放松的，完全不用顾虑他人的感受。

这里讲的安全，不是说人身不受到威胁，而是周边环境不会给你带来任何压力、内心的不适与紧张感。只要身边有他人，我们的表现就一定是经过调整的，不是你百分百真实的行为呈现。

所以，从理论上来讲，即使你跟另外一个人一起生活了一辈子，你也永远不可能看到他/她身上百分之百的东西，最多看到的是99.999%，一定有些东西是你看不见的。

有句老话说：酒品即人品，其实真的还是挺有道理的。一个人喝了酒，特别是在喝多之后，往往会安全感提高，戒备心下降，最真实的状态就容易迸发出来。得意忘形，其实也是这个道理。所以，像前面故事里说的，有江湖经验的老同志比较喜欢从酒桌上看人，背后是有科学依据的。

不过，必须说明的是，不是每个人在酒后都会有同样的反应，有的人喝了一杯啤酒，还没等到把话匣子打开，就直接不省人事了。

正因为从人性的角度来说，我们无法看到他人百分之百真实的情况，所以，在人际交往中，我们追求的不是说把这个人完完全全地看清楚，而是要尽可能地去接近他们最真实的一面。掌握了前面谈到的原理，我们就可以在人际交往中，尽量去塑造让对方感觉到安全的环境，从而让对方把最真实的状况呈现出来。

总结起来，在实践中，让沟通对象尽量感到放松和安全的要点有两个：一是建立一个对方不感到紧张的环境和气氛，二是采取聊天的方式来沟通。记住：

人越感到安全，越放松；越放松，越真实！

☆ 开个茅塞

茅塞一根草：听说不少老板喜欢在咖啡厅里面试，可是这样会不会显得太不正式

茅塞开花：这些年，不少企业在选聘外部的高级别候选人时，老板会请候选人吃饭或喝茶，原因就是可以塑造比办公室更安全和放松的环境，在这种放松的环境下一个人的真实性会更高。

按照这个道理继续推理，比如说和候选人吃饭有两种选择，一种是桌餐，还有一种是自助餐，你觉得哪种方式更好？显然，自助餐更让人放松，效果更好。所以，如果你将来要给自己招人，面试开始之前，先让对方来瓶二锅头，也许效果奇佳。

在实践中，如果从面试的角度来看，我个人觉得面试的最高境界是两个字：聊天。

成功的面试不应该是只按照套路来问，例如：请做一下自我介绍，你为什么到我们这来，你的优点和缺点是什么，你为什么离开上一家公司，你印象最深的一件事情和最失败的一件事情是什么等非常刻板的问题,其效果是很一般的。比较好的方式,是用看起来聊天的方式,包括聊聊家常,聊聊对一些热点问题的看法,通过让对方感到安全和放松,而获得对方更加真实的回答。

当然,问这些问题的时候,面试官自己要清楚,自己通过这些问题想得到什么样的判断,而不是瞎聊天。

再回到我们的问题中来。在吃饭或喝咖啡的时候面试,正式程度的确要比在办公室里正襟危坐感觉差些,可是,对于面试官而言,是让对方感觉正式更重要,还是能更好地了解候选人更重要呢?答案显然应该是后者。更何况,无论是吃饭还是喝咖啡,并没有显示出对候选人的不尊重。

茅塞两根草:为什么我们会在面试中看走眼呢

茅塞开花:客观地说,在面试中想把应聘者看透,是很困难的一件事,这不仅仅是因为面试时间短(单次面试最长的时间通常也就两个小时),还有一个原因在于,我们在面试这种特定环境下,一般都会在陌生人面前下意识地隐藏自己内心真实的想法。这其实正是人性的一部分,非常正常。如果不做任何隐瞒,反倒是很奇怪的事情。所以,希望面试能做到看人百分百准确,从逻辑上来说,就是不可能的事情。

试用期内,应聘者的安全感要比面试中更高,因此,我们对新员工的观察,在试用期内看他的细节是非常重要的,可以看到的情况往往会比面试过程中更真实。遗憾的是,很多公司忽视了在试用期内对新进员工的细节观察,也错过了淘汰不合格员工的最佳时机。

茅塞三根草:销售工作中,接触一个从未谋面也不了解的客户,电话联系之后,对方同意见面沟通。第一次见面,是把客户约出来吃饭好,还是去客户的办公室谈比较好

茅塞开花:和客户交流,如果想了解对方内心最真实的想法,在办公室的效果肯定不如外面吃饭、洗澡的地方。这也是为什么在中国,在销售活动中，喝酒的方式会非常盛行的重要原因之一。它实际上是用这种方式建立双方之间更高的安全和信任感，从而获取更真实的信息。

我们不要把这个问题简单地理解为是在拉拢客户。从人性的角度来说，客户在没有跟你建立足够的信任之前，在和你的交往中是有着很强的戒备心的。不管出于什么样的考虑，他都很有可能不会告诉你他内心的所有真实需求。而酒桌上的氛围，则有助于良好的沟通氛围的建立，让对方相对更容易地表达出内心的真正想法。

当然，这样的原理在销售中应用时，也需要结合实际情况做出调整。对于前面提到的第一次见面的问题，一般来说，我更建议去客户的办公室谈。并不是因为这样做会显得更正式，而是因为去客户的办公室时，可以看到客户内部的很多信息，也就是本书后面会提到的痕迹，例如办公地点，办公室的面积，办公家具的档次，公司员工所开的车，公司墙上贴的企业文化的宣传，等等。对这些痕迹的观察，对于我们判断客户的支付能力和支付意愿，是非常有价值的。

茅塞四根草：我是个团队领导，每次和员工做绩效反馈沟通的时候都挺头疼的。因为只要在会议室里，大家面对面这么一坐，马上感觉到气氛就紧张起来了。员工倒未必会顶撞或反驳我，但我有时的确会感觉员工好像和我中间隔了一层，这时，反馈效果往往不如我期望的好。我是不是应该做些调整

茅塞开花：对于与员工沟通，以及给员工做绩效反馈这样的工作，做过管理者的朋友可以仔细回忆一下，在会议室里正襟危坐地谈，真的是效果最好的方式吗？未必如此。从我的经验来讲，很多时候效果好的往往不是在公司内，而是在公司之外。

大家有兴趣可以去观察一下，我们看那些成功的所谓大咖们，在介绍他们的文章中，描述他们跟手下谈话的时候，往往会发现很有意思的两个痕迹。

第一个痕迹是，他们通常选择的不是在上班时间，而是选择在周末和晚上，很多人对这个的理解只是觉得这些大咖很辛苦，周末也在加班，其实并不尽然。时间给人的心理感受是不一样的。管理者跟对方的谈话是在上午10点还是在晚上8点，有不同的心理暗示。放在晚上，给对方的潜在感受是，这次谈话是非正式的，是轻松的。因为放松，所以对方的表现会更真实。

第二个痕迹是，恰恰因为时间选择了周末或晚上，所以很多时候他们选择的地点一定不是在公司，而是在餐馆、咖啡厅这些地方。这样选择的结果是让对方感觉到更安全、更放松，也相对更容易了解员工内心真实的想法。

因此，从管理的角度来说，作为管理者如果想了解员工的真实想法，在办公室内往往不如下班以后和员工一起吃饭喝酒更容易获得真实的信息。

当然，如果你对员工的绩效结果很不满意，希望他能意识到问题的严重性，这时，选择非常正式的谈话氛围，就变得十分必要了。过于轻松的环境，会给员工错误的判断，以为你对低绩效结果并不在意。

茅塞五根草：怎样能让孩子愿意跟我讲述他真实的内心世界呢

茅塞开花：在家庭教育中，有不少父母希望了解孩子的真实想法时，往往会非常正式地把孩子叫到自己的面前来进行谈话。对孩子来说，特别是当孩子感觉到父母可能会对自己有所要求时，往往内心是有戒备感的。此时想了解孩子的真实想法，其实反倒变困难了。

最好的方式就是在孩子最放松的状态下和孩子聊天，比如孩子晚上睡觉前，陪孩子说说话，讲讲今天发生的开心与不开心的事，其实更容易了解孩子的内心世界。

茅塞六根草：我是一个男生，希望找一个能持家的女孩做自己的爱人。那我如何在与她一起生活之前，看出她是不是一个能持家的姑娘呢

茅塞开花：对于正在谈恋爱的年轻人来说，运用前述原理，可以很好地解决如何判断的问题。假如这个女孩是自己住，那你就可以在女孩完全没有准备的情况下上门造访。

如果这个时候看见姑娘的家里非常整洁，井井有条，一般来说，这样的女孩过日子不可能邋遢。当然，人家要是死活不让你进去，那我也没办法。此时不能下结论说，这个女孩子怕你看见她整理家务不行。因为不让你进去，并不一定是屋里乱，而是可能觉得你像个坏人。

茅塞七根草：为什么在一些人眼里，媳妇是人家的好

茅塞开花：原因很简单，生活在一起的两口子，彼此呈现的真实度很高，更容易看见对方的缺点和真实面目（例如素颜），而看别人家的媳妇，通常都是经过"包装"的，往往更多地呈现出的是优点。用自家媳妇缺点去比别人家的优点，结果可想而知。

这个世界上没有完美的人，关键是找到最适合自己的。这一点，对夫妻双方其实都是适用的。

茅塞八根草：中国古语在形容夫妻关系好的时候，常见的一个词是：相敬如宾。可是真的把对方当"宾"，会不会太生分了

茅塞开花：正常情况下，夫妻应该是彼此最亲近、最信任的人。正因为如此，夫妻之间往往无话不谈，包括自己过去的经历、现在的想法，等等。因为信任，所以夫妻之间交流的时候容易存在两个问题：一是因为非常安全和放松，所以在表达上就无所顾忌，忘了考虑对方的感受；二是会把自己最软肋的部分呈现给对方。而如果彼此拿对方像"宾"那样对待，就不会产生上述的两个问题。

前者导致的结果，是让对方产生很不舒服的感觉，一旦出现分歧时，这些曾经"大嘴巴"的表述，就会成为引发双方口角的导火索。

后者导致的结果，是双方在发生激烈冲突时，成为彼此"捅刀"的最佳着力点，也的确会给对方造成很大的伤害。无论是否有意，这对于和谐社会以及和谐家庭关系的建立，都是非常糟糕的。

所以，这句话告诉我们的是，在婚姻中，不可以因为彼此的亲密，就忘记了尊重对方的底线，不考虑对方的感受。同时，也应该给对方保持合理的空间。

第六节　小耍怡心情，大耍露人性

隔壁老王说段子

讲个我自己亲身经历的故事吧。

故事发生在20多年以前，我刚上大学的时候。清华有一个二层小楼，门口上的匾额写着"清华学堂"四个字，那会还是一栋木制的小楼，可惜在百年校庆那年，着了一场大火，毁了。

有一天，我们在二楼上课的时候，我坐在那里，就听见头上"沙沙沙沙"地响，我刚开始的反应是楼上有人，木地板嘛，楼上有人肯定有动静。可是突然反应过来，这是二楼啊，没楼上了。难道是老鼠？因为当时楼里的耗子挺多的，可是转念一想，这得多少老鼠才能发出这么大的声音啊？

正在我疑惑的时候，我们班里一位坐在最前面的同学，大喊一声："地震了！快跑"！"哗啦……"，人就消失不见了。当时我们是两个班一起上课，另外一个班的同学，一个一米九五的大高个，从教室中间"噌"就冲过来，箭步蹿到门口，用手撑住门框，大喊一声："让老师先走！"

上课的教室虽然有两个门，但后面的门是锁着的，只开了教室前面的门。门也很窄，一次也就能走一个人。

说老实话，当时我还真没害怕。我在来北京上学之前从来没有经历过地震。人没有经历就不会有恐惧。就好比说，你晚上把一个两岁的孩子一个人放到坟地，孩子会害怕吗？孩子一定会害怕，但他怕的是黑暗和孤独。如果同样夜里把你一个人扔到坟地，你也会害怕，这时候你害怕的其实不是黑暗,你是怕鬼。虽然我们理论上都知道鬼不存在,但从小到大听了那么多鬼故事,在这种地方你不想起鬼,那才是见鬼了。

从这个差异中,我们会发现同样是恐惧,但背后造成的原因是不一样的。为什么不一样,因为经历不一样。

言归正传。在楼上的时候我是真不害怕,还在想,要不要先收拾一下书包。边上有个同学说:别收拾了,快跑吧!我这才丢下书包跟着大家往外跑。下楼之后,才开始后怕,心想万一埋里头怎么办啊。后来看见,撑住门框的那个同学,真的是最后一个出来的。

故事讲完了,相信大家也能看出这两个同学的真实本性了吧。其实,我们班最先跑出去的那个同学,刚入学时,待人很热情,大家都挺喜欢他的,但经过一段时间后,发现他是一个蛮自私的人,所以后来他在班里的同学关系特别不好。撑住门框的那个同学则不一样,开始大家嫌他嘴碎,唠唠叨叨的,但经过几年的相处,发现这个人特别善良,后来是我们年级里好评度最高的人之一。

我年轻的时候,并没意识到,这个事件其实是对人性的充分暴露。这些年开始研究人的问题,再回想这个例子,发现这件事是很有典型意义的。如果我从上学开始,就能看明白背后的道理,后面很多事情就不会再出现误判,人生很多错误也能避免。

◯ 微微盘道

一个人的本性,或者说一个人的本质,在平时的生活中是并不容易观察出来的。但从上面的故事中,我们可以清楚地看到那两位同学的本性。

故事里的事件,本质上不在于危急状况,而在于当时的情境下,存在着重大的利益冲突。越是重大的利益冲突,越是看人的本性透彻的时候。更简单地说:重大利益冲突发生的时候,就是看人的本性的时候。

然而，需要说明的是，关于"重大"，每个人的理解和标准是不一样的。这和一个人的经历和现状以及价值观有关。比如说，朋友跟你借了10万块，不准备还了，算不算重大损失？对很多人来说，绝对算，甚至都不仅是重大，而是巨大了。但对于我认识的一些"土豪"朋友，这点钱真的就不算啥了。

说到这里，需要引出一个非常重要的观点：由于每个人的人生经历和价值观的巨大差异，所以千万不要以我们自己的标准替代了他人的标准。在人际交往中，这是引起矛盾和冲突的重要原因之一。

比如，在家庭教育中，父母管教子女时，常说的一句话是：我这是为你好。但对孩子来说，他们的标准是，不管我才是为我好。这就使得父母和子女在这种问题上的对话其实效果很糟糕。在生活中，我们经常听见的一句解释性的表达"我还以为……"，就是典型的以自己的标准替代了他人标准所引起的沟通问题。

正因为人在重大利益冲突面前，会把骨子里的本性充分暴露出来，所以大家应该能够理解为什么"赌品即人品"这个说法了。当然，这时的赌，输个5块、8块的看不出来，如果一把赌个5万块、8万块，绝大多数人的本性就能看出来了（还是那句话，土豪除外）。

不过，赌博这事本身就是违法的，用这种方式来试探人性，绝不是啥好想法。

我们看人的时候，不要急于下结论说这个人行还是不行，一个人在骨子里的本质特征的表现，一定是在他面对重大利益冲突的时候，才会充分地暴露出来。

使用这样的推理，可以让我们在对他人进行判断时，能真正做到对其人性特点的把握，在工作和生活中有着极其广泛的用途。

☆ 开个茅塞

茅塞一根草：婚前做财产公证好吗

茅塞开花：新的婚姻法颁布以后，关于婚前房产归属的规定，表面上看，拆散了不少好事临门的小两口。在我看来，这其实还不见得是件坏事。

古语云：夫妻本是同林鸟，大难临头各自飞。男女双方一旦结为夫妻，其实就会结成一个利益共同体。如果彼此没有形成一致的利益，没有共同遵循的价值观，遇到重大考验时，婚姻的稳定性是令人置疑的。

但这种利益共同体的形成，并不是靠结婚证就能保证的，而是要来自于夫妻双方价值观的一致和婚姻之后形成的相互妥协。新的婚姻法，其实是把未来可能发生矛盾和冲突的原因给提前呈现了，并且以法律的手段让当事人提前形成妥协。说起来，这有点"亲夫妻，明算账"的意思。

换个角度想，对于即将组成家庭的小两口来说，要看看对方是不是能跟自己形成利益一致，也变得简单了，双方可以就婚前房产的归属商量一下。如果能顺利达成一致，表明彼此之间将来在家庭生活中，关于利益分配的格局通常不会出太大冲突（当然，有一方变心了除外）。

婚前协议其实就是双方对可能发生的利益冲突提前进行沟通和妥协。但是，这种做法，在中国社会中，会让人产生不近人情的感觉，所以很多人难以接受。如果你对自己和伴侣都有极其充分的信心，或者相信你们将来万一需要分割财产时，彼此都有足够的智慧和足够成熟的心智来顺利处理问题，不签当然也没问题。

茅塞两根草：如何判断合作伙伴是否靠谱

茅塞开花：从团队组建和选择合作伙伴的角度来说，只有经过重大利益冲突考验的人，才有可能跟你走得更加持久。就算这个人跟你相识了10年、20年，一起吃喝玩乐了10年，也要想一想：我们俩在一起有没有经过重大利益的考验？如果没有，先别下结论，打个问号。不是说这个朋友一定不可靠，而是不能下结论说他一定是能跟你长久走下去的肝胆之交。

还记得汶川大地震时的风云人物"范跑跑"吗？不知道这哥们现在生活得怎样，但至少在当时危难的情况下，作为一个成年人和一个教师，把生的希望留给了自己，把遇难的可能留给了孩子，是充分体现出了他的情操的。我不能说他这么做对或不对，因为价值观这个东西，没有绝对正确和错误之说，在不同的群体中，价值评价体系差别很大。如果我批评他的价值观，就意味着我假设自己的价值观是正确的。这么做，严格意义上，并不合理。但至少有一点，这样的人，不要指望他能和你一起扛事，这一点则是毋庸置疑的。

在结束本章之前，简单总结一下看人的两个要点：

- 一个人在安全放松的环境下，才会更真实。
- 一个人在遇到重大利益冲突时，才会把本性的东西充分暴露出来。

上述两个结论的重要性在于，这是我们对他人进行观察的时机选择的基本依据。

第三章
CHAPTER3

人生总有刺激,体验便是意义

第一节　刺激无处不在

◯ 微言无忌

我讲课的时候，有时会让在场未婚的男生说说自己选择妻子的三条标准。有的人会说：第一，要长得漂亮；第二，要聪明；第三，要孝顺。还有的人会说：性格温柔，贤惠，长相漂亮。

显然，每个人在表达三条标准的时候，内容常常是不一样的；即使内容一样，表述的顺序也有可能是不一样的。那为什么有的人会把长得好看作为第一条讲出来呢？真是因为这是一个看脸的年代吗？如果是，为什么还会有不少人，却并没有把长相放在很重要的地位上呢？

☆ 老王解事

正如前面提到的，我们对人进行分析时，发现价值观往往是决定性的因素，而大多数时候，每个人的价值观是隐藏在行为举止和言谈表达后面的。所以，如果希望去了解一个人的价值观，就要通过观察他的行为举止和言谈表达来分析。上面提到的找配偶的标准，不就是价值观的呈现吗？而这些行为举止，就是本书接着会展开介绍的——痕迹。

但是，我们为什么能通过对一个人外在痕迹的观察来判断价值观呢？换句话说，为什么价值观会在行为举止中表达出来呢？

我们先看一个很有意思的理论：刺激理论。

不知大家有没有想过，一个人在安全放松的状态下，在表述自己的想法的时候，是什么决定了表述的顺序？

这里就涉及人的记忆形成机理。从生理学的角度来说，记忆是我们大脑中的神经细胞受到刺激之后，形成了某种特定的状态，比如沟和回。沟和回的深度，与记忆的深度成正比。至于更具体的生物学机理，不是本书介绍的内容，有兴趣的读者可以自行了解。这里的核心在于：记忆是通过刺激产生的。

换句话说，我们在表达自己观点和想法的时候，在非刻意的情况下，最先说出来的内容一定是印象最深的，而印象最深的内容，就是受刺激最深的。受刺激越深的东西，往往会是我们越在意的。正如前面的例子中男生讲的关于娶妻的标准，如果他们讲的话是真实的，那长相漂亮、性格温柔，贤惠等，就是他们对未来爱人选择标准的排序。

什么是刺激？我们每天看到、听到、闻到、接触到的所有事物和感知，都是给大脑的刺激。每天24小时，不光是在清醒的时候，即使在睡梦中，我们都会不断地受到各种刺激。这些刺激，由于强度的差异和重复出现的频率差异，会在我们每个人身上留下不同的印记。

总结而言，从我们出生到离开这个世界，刺激无时无刻不在；每个人受到的刺激不一样，这些刺激给我们打下了不同的人生印记。

刺激是如何影响我们的行为习惯，如何塑造和改变我们的价值观的呢？且听下文分解。

☆ 开个茅塞

有没有发现，看书看到这里，脑海中好像浮现了过去的一些事情。

茅塞开花：仔细想想那些事！那些从你的脑海中浮出的事情，表明了你曾经历过的刺激，而且，这些事情在此刻被唤醒，一定是有原因的，并且其中的原因应该与此书有一定关系,也许是其中的故事,也许是其中的观点,甚至可能是其中的一句话,一个词。

第二节　不是每种刺激都会痛

○ 微言无忌

像我这样从外地到北京工作的人,有不少结婚的婚礼要办三次,一次在北京,一次在男方老家,还有一次在女方的老家。当让这样的小伙伴给大家介绍婚礼的细节时,常常会出现很有意思的情况:北京办的婚礼,他们能说得很详细;而老家办的婚礼,大部分细节都说不上来。

同样是自己的婚礼,差别咋就那么大呢?

老王解事

☆　差别大的原因其实很简单,因为在北京的婚礼是年轻人自己操办,而老家的两场,都是老人帮忙给办的。自己办,受刺激多,所以记得清;老人办,自己就是个出席"嘉宾",受刺激少,记不住,很正常。可以说,记忆本身,就是刺激之后留下的痕迹。

所以,在分析刺激是如何塑造了我们的价值观和习惯之前,先要把刺激做个分类,不同刺激的结果是有很大差别的。

对于刺激,我们可以从以下两个角度来分类:

- 从刺激的强度来说,可以分为:强刺激和弱刺激。
- 从刺激出现的频率来说,可以分为:新鲜刺激和重复刺激。

对这两种分类进行组合,就会形成以下四种类型的刺激:

1. 新鲜弱刺激

2. 新鲜强刺激

3. 重复强刺激

4. 重复弱刺激

不同的刺激，最后形成的结果会有很大的差异，如图3-1所示。

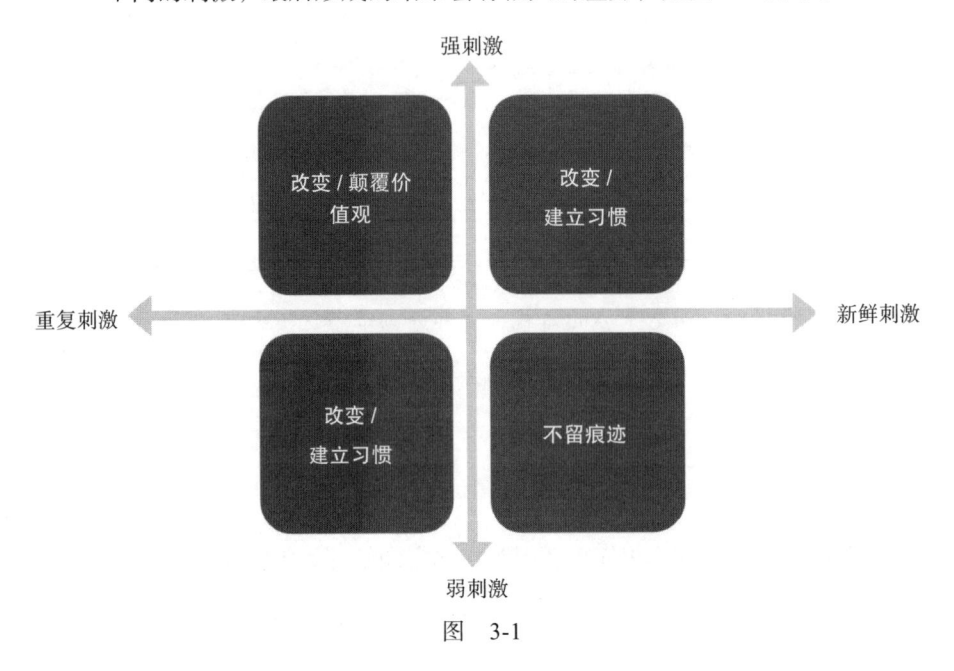

```
                    强刺激
                     ↑
        ┌─────────┐  │  ┌─────────┐
        │ 改变/   │  │  │ 改变/   │
        │ 颠覆价  │  │  │ 建立习惯│
        │ 值观    │  │  │         │
        └─────────┘  │  └─────────┘
重复刺激 ←────────────┼────────────→ 新鲜刺激
        ┌─────────┐  │  ┌─────────┐
        │ 改变/   │  │  │ 不留痕迹│
        │ 建立习惯│  │  │         │
        └─────────┘  │  └─────────┘
                     ↓
                    弱刺激
```

图 3-1

第三节　新鲜弱刺激

微微小测验

我们做个小测试，看你能不能答上来下面的三道题：

- 前天晚上吃的什么？
- 把上周的今天，从上班开始到下班为止所见过的同事，按见面的先后顺序写出来。

- 不要翻你的日历，还记得上个月的今天晚上你干什么了吗？

别难过，绝大多数人这三个问题无法全部答上来。但如果把三个问题里的第一个问题改成今天早晨吃的什么，第二和第三个问题改成昨天，是不是你差不多都能想起来？

☆老王解事

我们每天生活和工作中，接触到的各种外部事物和信息，基本都是新鲜刺激。

绝大多数新鲜刺激的特点，是不会重复出现，而且因为刺激强度很低，也就是新鲜弱刺激，所以很快就会忘记，不会在一个人的身上留下痕迹。就像这本书一样，大家在看的时候，其实绝大部分内容都是新鲜弱刺激，看过一周之后，估计就忘掉90%的内容了。

我们每天都会大量接触到新鲜弱刺激，看起来好像没价值，其实不然。新鲜弱刺激不容易留下痕迹的原理，对于我们判断他人表述内容的真假是有很大作用的。

如果一个人在讲述自己过去的经历时，某些细节过度清晰，其实是非常可疑的。正常情况下，如果不是非常重要的事件（对讲述者而言不重要），大量细节被遗忘是很正常的。

如果这些细节能被记住，无非三种情况。一是此事非常重要，但这跟前提不一致。

二是类似细节在其他事件中又多次重复出现了，这时就要判断这种可能性是不是很高。例如，有一次上课，我问学员，去年的今天晚上吃什么，一个哥们说，吃的是面。我问是不是出现了特殊情况，他说没有。我质疑为什么会记得那么清楚，他的回答是，他每天晚上都吃面。像这种情况，就是同样的细节重复出现，属于后面讲到的另外一种刺激——重复弱刺激。

第三种情况则是在说谎话，说明对方在讲述之前，是在头脑中组织了一遍事件的各种细节,而且通常是反复想过,所以会形成记忆。所以,利用新鲜弱刺激的理论,结合本书后面会提到的"细节判真伪",对于我们判断对方表述内容的真假,也是有不小的帮助的。

第四节　新鲜强刺激

微言无忌

我认识一个朋友,"70后"人,成长在一个高级知识分子和高干的家庭,从小家教很严,但他在生活上,特别是在情感问题上,属于玩世不恭的类型。开始我觉得很奇怪,这个年龄和这种家庭出来的人,按道理不应该如此。

某次和他一起吃饭聊天时,借着酒劲,我探了探原因。他跟我说,自己高中的时候也曾经是一个很单纯的男孩,当时和一个女孩谈了三年多的恋爱,后面的结果我想大家已经猜出来了。没错,他后来被这个女孩给踹了,从此以后他在情感方面的价值观发生了重大的变化。

看来,人不经受挫折,很难成熟。可是,熟透了也不见得是个好事。

老王解事

什么是强刺激

当刺激的强度较高时,就会在人的头脑中、行为上留下明显的印记。因为刺激的强度大,所以留下的印象深,效果持久,就像上面故事里的男主角一样。

所以,能以一次刺激,就在一个人的记忆中、未来的行为举止上甚至价值观上留下痕迹的刺激,就属于强刺激。

我相信在回答上一节开始的时候所提的三个问题时，一定会有人能清楚地回答出上周或上个月的事情，例如，能迅速回忆起上个月的今天晚上是和哪位朋友吃饭，在哪里吃饭，甚至吃了什么。

如果连上个月的今天晚上吃的什么都能记住，那说明一定发生了与吃有关的重大的事情。不一定那天是个特殊的日子，而是发生的事情很有可能是与吃的内容有关的：例如食物中毒了，或是在外面饭店吃饭，因为抢食物和边上的人打起来，最后还被关了一周，等等。这样的事，对绝大多数人来说，都属于新鲜强刺激。

强刺激的衡量标准

关于什么是强刺激的衡量标准，还有两个要点需要说明：

一是前面讲的强刺激，不一定非得是发生在自己身上的，自己可能只是事件的经历者或旁观者，也会产生很大的影响。

对会开车的朋友来说，想象一下，假如有一天你开车经过一辆停放的公交车时，发现从公交车前面突然跑出来一个人横穿马路，而你前面的车因为刹车不及，把那个行人撞飞了 10 多米远，当场身亡。你完整地目睹了全部的过程。请问，今后你再开车经过停着的公交车时，会如何做？我相信绝大多数人都会放慢速度，小心观察是否有乱穿的行人。这就是并非发生在自己身上，但是自己经历过的强刺激。当然，与直接发生在自己身上的刺激相比，这种刺激的强度肯定要低一些。

二是到底什么样的刺激才算是强刺激，每个人的感知差异是巨大的。同样的事情，也许对一个人是强刺激，对另外一个人就可能不算。

好比说失恋这事，我们会看到有不少人失恋之后痛不欲生，很长时间都无法缓解过来，甚至改变了自己对爱情和婚姻的看法。对这样的人来说，失恋就是一个非常强的负面刺激。但也有些人，失恋这事似乎看不出对他有什么大的影响，该干吗干吗，连情绪都没有太大波动。

那后者往往是什么样的人呢？如果他不是一个城府极深，非常善于隐藏自己情感的人，或者是并没有在这段恋爱中真正投入感情的人，那他很可能是一个经常失恋的人——反正也习惯了。

这个例子告诉我们，每个人的经历不一样，看待问题的标准就不一样。

大学没考上，考试不及格，升职没升上，评优秀员工没自己……每个人在对待生活中的挫折和失败时的态度迥异，除了价值观以外，还跟一个人过去是否有过类似经历有很大关系。

经历的事情越多，判断事物的标准和尺度就越高，能达到这个标准，进而影响到他的情绪的事情就越少。所以在处理问题上，为什么老同志往往比年轻人更沉得住气，不是因为他们老，反应速度慢，而是因为一般来说，年纪大的人经历的事情多，这些经历改变了他们的标准。

所以，如果年轻人希望自己能尽快成熟起来，就需要经历很多的事情，而且一定是要偏向负面的事情，例如挫折、失败、挑战，等等。这些事经历得越多，只要能扛得过来，就一定成熟得越快。穷人的孩子早当家，说的就是这个理。

强刺激的持续时间

在前面讲的强刺激的例子中，我们举的都是很短的时点内发生的事件，所以可能会有读者误解为强刺激一定是短时间内发生的。其实未必如此。

好比你的领导很快要退休了，你一直以为下一步该自己上位了，预期非常高，甚至都有人来向你表示祝贺，还有个别人连忠心都表了，可是后来听见有风声，说是会从别的部门调一个资历不如你的人来接，在惴惴不安的等待中，一个月后，你发现谣言成了现实。这事对你来说，就是一个强刺激，但并不是在宣布本身的那一刻才是强刺激，而是你被排挤出局了这件事，是强刺激。而这件事本身，从开始出现端倪，到最后盖棺论定，是持续了一段时间的。

强刺激的分类

强刺激可以再分为两类,一类是正面强刺激,一类是负面强刺激。

所谓正面强刺激,就是能给人带来巨大喜悦和快感的刺激,比如,买彩票中了1 000万。负面强刺激,则是给人带来重大挫败感的事件或经历,例如新娘在婚礼上跟别人跑了。

一般而言,正面强刺激对人的改变并不明显,而负面强刺激对人的改变会更大,其原因就在于看起来强度相似的正面强刺激和负面强刺激,给人的心理感受是有很大差异的。

我们可以想想,一个是你买彩票中了100万,还有一个是你最信任的朋友从你那里骗了100万,然后失联了。两个看起来都是100万,但对我们绝大多数人来说,后者的刺激强度要远远高于前者。这种事件甚至会使我们丧失掉对身边任何人的信任。所以,我们需要关注的重点,是负面强刺激。

虽然强刺激的力度大,但出现频率通常不高,同样或同类的强刺激,往往是新鲜强刺激较多,重复强刺激少。

新鲜强刺激会引起的结果

新鲜强刺激出现之后,通常会产生两种后果,一是改变受刺激者的习惯,二是改变受刺激者的价值观。

1. 新鲜强刺激改变习惯

十几年前的一个夏天,和几个朋友一起开了辆面包车去外地玩。轮到我开没多久,经过了一个加油站,本来想加油,但赶上加油站在卸油,要加的话还得等至少半小时。我看油表还有一小格多点(油表分四个小格),和哥几个一商量,就没等。因为问了加油员,说是前方五六十公里处还有一个加油站。按常理估计,剩下的油肯定坚持到下一个加油站没问题。结果开到下一个加油站时,我们傻眼了,加油站停业。没办法,只能硬着头皮往前开。没开多久，燃油报警的灯开始闪，这时，看见路牌显示，离下一个加油站还有 40 公里。于是，我只好保持经济时速行驶，同时，把空调关了，以减少油耗。距离加油站还有 10 多公里，燃油红灯就亮了，我提心吊胆坚持到了加油站。

从那以后，但凡跑高速，我坚持的习惯就是宁愿多加一次，也决不冒险了。

新鲜强刺激的强度足够高，并且原有的习惯还没有完全固化时，用这种方式来建立新的习惯，往往能达到比较好的效果。但如果原来的习惯已经固化，用这种方式来改变习惯，效果往往就不如重复弱刺激了。

2. 新鲜强刺激改变价值观

当一个人在遇到负面强刺激时，如果这种刺激的强度非常高，就像《1942》这部片子里的牧师一样，属于生死经历，则这种刺激有可能影响和改变他的价值观。因此，强刺激出现的频率虽然通常不是很高，但对人的影响甚至可能是一生的。

类似的事情，在我们身边其实非常多见，很多人在情感上遇到重大挫折和失败后，往往会产生巨大的、甚至是颠覆性的变化。有一句话叫"婚姻是爱情的坟墓"。说出这句话的人，可想而知，一定是在婚姻中受到很大挫折的人。

也许，有的读者会觉得这个结论并不成立。因为说出这话的人，似乎婚姻看起来没有那么差，也看不出受过挫折啊。其实，我们需要注意到的是，每个人内心的挫败感，和外人的观察是很不一样的。

很多所谓"神一般的人"，就一般人的角度来看，很成功，这些年总体应该都不错，看不到有明显挫败啊。就算是公司在成长过程中遇到了很多问题，但最后不都解决了吗？想想看，那句著名的"人还是要有梦想，万一哪天实现了呢？"多励志啊！这样的人，怎么会因为重大挫败而改变价值观呢？

须知，一个人现在所拥有的东西（无论是精神层面还是物质层面的）越多，他对未来的期望就越高。在外人看来不错的结果，其实可能远远没有达到他们的预期；在我们看来是成功，但他们感知到的其实是挫败。仔细研究一下阿里巴巴这些年的发展历程，就会发现马云经历了好几次大的坎，无论是因为VIE事件所引起的轩然大波，还是因为提高收费而导致的群起攻之，对他来说，都是非常大的挑战。

应该说，这些问题所带来的巨大压力，真的不是一般人能承受的。我们不在其中，是无法体会到他当时的心情和焦虑的。而且，越是看起来还不错的人，往往隐藏自己负面情绪和感受的趋势越明显。

新鲜强刺激的应用

新鲜强刺激，特别是负面强刺激，在对人的观察和塑造方面，是有着很高的应用价值的。

如果我们能了解到他人过往的经历中，强刺激的具体内容，对于判断对方价值观的变化过程会有巨大帮助。但恰恰因为这种强刺激的负面性，在双方没有达到足够信任的时候，获取对方负面强刺激的经历是很困难的一件事。这个规律，也可以成为我们判断双方之间信任关系的重要标准。

对于成年人来说，应用强刺激，特别是负面强刺激去有意识地改变他人是比较困难的，但对于孩子教育来说，却是帮助他们建立习惯和积极正面的价值观的非常有用的方法。

在对子女的教育中，让孩子从小有适当的挫败感，对于他们将来能正确面对生活中的各种不如意，以积极阳光的心态去生活，去奋斗，是极为重要的。遗憾的是，从20世纪90年代开始，由于广大人民群众生活水平的迅速提高，很多父母为自己的孩子提供了过度保护的生活环境，使得他们成年进入社会之后，心理的承受能力要远远低于他们父母同龄时的状况。

因此，为了你的子女未来的人生能走得更顺，在他们小的时候，给他们适当的挫败感教育，绝对是真正的爱。

了解了强刺激的原理，就知道了将来如何去影响和改变一个人的最佳时间点——有时候话不在多，在于我们说的是不是时候。

应用负面强刺激规律的注意事项

说到这里，必须要强调一点关于这个规律的应用问题。

不知养过猫的朋友有没有观察过，小猫对你表示信任的最典型的动作是什么？是躺在你的脚下或身边，允许你挠它的肚皮和脖子。因为肚皮和脖子是小猫身上最柔弱的部位，当它向你开放时，表明了它对你的高度信任。

我们在人际间的交往也同样如此。每个人内心不堪的过去或经历，都是内心里最脆弱的部分，当对方向你开放这些故事时，实际上体现的是对你的极度信任。不管你是否觉得对方太傻、太幼稚，还是有其他让你感到不屑的地方，都应该尽量不表现出来，更不能去伤害对方。要知道，这个时候的伤害往往是致命的。所谓致命，不是在生理上让对方死，而是会让你们之间的信任荡然无存，而且基本没有修复的可能了。

为什么亲密的人之间如果互相伤害，往往会比陌生人带来的伤害更甚？原因就在于亲密的人之间由于信任，会向对方开放内心深处最脆弱的部分，这些脆弱的部分，通常就是过去曾经受过的伤。亲密的人，要比别人更了解这块伤痕，因此，也更容易造成更深的刺激。

第三章 人生总有刺激，体验便是意义

☆☆☆ 开个茅塞

茅塞一根草：我是个民营企业的职业经理人，我发现老板好像谁都不信任，对谁都要防一手，请问该怎么办

茅塞开花：不知大家有没有观察过身边的一些民营企业家，也许是你的朋友，也许是你的老板，你会发现，他们中有不少人是多疑的，缺乏对身边的人的信任，甚至连基本信任都没有。不用猜，他们过去一定是在对他人的信任上受到过重大的挫败，或者是目睹了身边的朋友由于信任他人而导致的严重后果。

眼下国内尚未建立起成熟的、规范的商业环境，很多成功的创业者，在创业历程中，其实都是有过在对他人的信任方面严重受挫的经历的。人的本能促使他们在受挫之后，对待他人的信任会持非常保守的态度。

严格意义上来说，这是正常的，也是人的本能。趋利避害是前面我们谈到的人的动物性本能，重大的负面强刺激会改变我们的行为，本身就是我们下意识避害的一种反应。

因此，对于这类老板，不要指望去改变他们。你能做的事情，就是尽量把工作的过程和细节向他汇报（无论他听不听，都要说），也不要隐瞒自己的想法，从而让他觉得是可控的。这能在较大程度上增加他对你的信任。同时，你也不要预期用这种方式能获取他全方位的信任，那基本上也是不可能的。

茅塞两根草：我喜欢一个姑娘，正在跟她交往，我怎么判断她是不是愿意真的跟我好呢

茅塞开花：对我们每个人来说，过去所受到的负面强刺激，往往会是内心伤痛所在，通常是不愿意去触碰的。当我们能向对方表述自己过去不堪的经历时，其实表明了内心对对方的高度信任。所以，对于在追求女孩的小伙子们，如果你发现姑娘向你讲述了过去一些负面经历，这些经历甚

至都不会向自己的父母或闺蜜倾诉，你应该能从上述分析中判断出你们是否有继续发展的可能了吧。

茅塞三根草：作为一个管理人员，我发现，员工犯错误之后，我狠狠地批评了他，毫不留情面，而且是当着很多人的面，应该算是强刺激吧？但为什么后来他又会犯同样的错误呢

茅塞开花：你的做法的确属于强刺激，但之所以没有达到效果，有几个原因：

一是要看员工的坏毛病是否已经形成。如果已经形成并且固化下来，用这样一次强刺激来改变，是很难的，更好的方式是采用后面会讲到的重复弱刺激。

二是当众批评这种做法本身，会让员工产生强烈的抵触情绪，这时，你的刺激虽然强度够，但员工接受这种刺激时，内心会产生非常明显的排斥反应，反倒无法达到你要的效果。具体原因可以看一下本书后面提到的一个人接受他人观点时的三种心理状态。

茅塞四根草：价值观、性格与星座有关吗

茅塞开花：我个人始终认为，一个人的性格和价值观，与先天基本没有太大关系，主要还是在于家庭和成长环境。比如说性格，有很多人认为与星座有关，但我们设想一下，如果是把两个星座、星相完全一样的孩子，放到两个完全不同的家庭环境中，最终孩子成年后，我们看到的是家庭影响的多，还是星座影响的多？结果应该是显而易见的。

关于星座的准确性，英国《每日邮报》在2007年3月27日报道了曼彻斯特大学研究人员以2001年英国人口普查纪录中的1 000万对夫妻作为研究对象，分析他们的生日、星座与感情关系，并没有发现某些星座倾向于互相吸引。如果真如星相学所说，处女座和摩羯座较相配，或天秤座和狮子座更容易吸引对方，肯定会在这次婚姻调查中有所体现。但根据调查结果，夫妻星座并不受星相学影响，而是符合一般概率的规律。

既然提到了星座，顺便分析一下为什么现在有很多人信星座吧。其实，很多人虽然信星座，但并不清楚星座学说是怎么来的。

目前国内流行的、为大多数人所熟悉的星座学说，实际上是把不同星座对应到了古希腊神话传说中的人物或事物上，用这些人物或事物的特征，作为对应星座的人的特征。但问题在于，古希腊神话传说是怎么来的？为什么狮子座对应的是尼米亚之狮而不是九头蛇（可以改名叫九头蛇座）？这些在逻辑上是无法说得通的。

而且，对星座有兴趣的朋友如果阅读一下被称为"世界星座之王"的苏珊·米勒写的《星座全书》，仔细看看序言部分，就会发现，苏珊以及引导她走上星座之路的母亲，开始都是不相信星座的。她之所以成为星座理论非常忠实的拥趸，和她自己童年的经历（身体出现大的问题，但无法解释）有很大关系。用我们前面谈到的理论，就是人生遇到了重大挫败，从而发生了价值观的变化。

如果我们把星座当成一种信仰，非常相信星座的人，和成年之后开始信教的人（无论是佛教还是基督教），其实基本上都是因为人生转折而产生的结果。

话说回来，虽然我个人并不相信星座的准确性和科学性，但我并不反对身边的朋友相信星座。相反，对某些朋友来说，相信星座还是件好事。

星座的本质是宿命论，告诉我们的是：我们的性格和命运，从一出生就有了大的定数。

一个人之所以失望，就是因为目标和现实之间的距离有差距。如果从小就有人告诉我，因为我是这个星座的，所以我的性格和命运基本上就会按照某个轨道运行，很多事情是注定的，难以改变，那当我遇到人生的挫败，而且这样的挫败用星座又能找到解释时，就可以大大降低我的痛苦，减少我内心的纠结。

人性的特点，是当我们遇到各种挫折时，会倾向于从外部而非自我的角度去寻找原因和解释，如果无法找到，必须要做自我调整时，内心是很不快乐的，这就是人性的本能。但如果我被告知，我所遇到的问题，是必然会发生的，是无法改变的，我对困难和挫败的心理接受度就会明显提升。从这个角度来说，相信星座对于一个人保持相对平和的心理状态，降低生活中的各种不顺所带来的痛苦指数，是很有意义的。

为什么这些年中国信星座的人越来越多？很重要的原因在于中国社会处于一个非常明显的转折期，很多社会矛盾激化，一些传统的、帮助大家建立良好社会秩序的价值观被撼动，新的大众共同认可的价值观并未建立。但我们作为个体，不能改变这样的社会现实，甚至我们都无法理解和解释这种状况背后的原因。这时，星座就可以成为我们让内心获得平衡的很好的寄托方式。

茅塞五根草：高成就动机者应该是有高欲望的人，高欲望的人应该是不容易信佛的，可为什么这几年我们在所谓"大师"的身边，都会看到某著名企业家的身影呢？他一定是个高成就动机的人啊

茅塞开花：美国哈佛大学教授戴维·麦克利兰最早提出了成就动机理论。所谓成就动机，是指一个人按照自己确定的目标，通过自己的努力，完成某项有价值或至关重要的事情，并力求达到更高标准的一种内在心理过程。简而言之，成就动机就是指一个人追求卓越的愿望。具体到行为上，它表现为一个人对自己认为有价值的或重要的目标的刻意追求。而高成就动机者，就是给自己确定的目标，要比同类人相对更高。

需要说明的是，高成就动机，不等于要做大官、挣大钱。每个人对于成功的衡量标准是不一样的，高成就动机的人，给自己定的目标会比与自己相似的人更高，而不一定是要做更大的官，挣更多的钱。

成就动机越高的人，因为目标越高，所以遇到挫败，特别是重大挫败的可能性也越高。

人为什么会绝望？目标太高了，现实太惨了。为什么会失望？目标比较高，现实比较烂。为什么会喜出望外？目标低，现实结果很好。

目标高，实现的可能性就低，和现实的差距越大，挫败感越强，越有可能成为人生的重大的负面强刺激。

对一个成年人来说，从不信佛到信佛的转变，其实就是价值观调整甚至改变的行为表现。像某著名企业家这样的高成就动机者，在当前的社会现实中，产生重大挫败感的可能性是极高的，他的身份又决定了他很难找到可以进行深度倾诉的朋友或伙伴，长时间郁积在心中，挫败感会越来越强。此时，如果有一种理论或信仰或方法或工具，能帮助他走出这种负面情绪，找到内心的平静与平衡，他的价值观被调整的可能性是极高的。

这就是我们会在那些"大师"身边看到不少令人惊讶的身影的原因。这些身影，可不仅仅包括企业家，也会包括官员和明星。这些人，与一般人相比，通常都属于高成就动机者。

前两年某著名互联网公司的创始人闭关，不理司政，也跟公司发展的过程中遇到了很多问题是高度相关的。

茅塞六根草：按照强刺激理论，如果我发现身边的人出现了重大变化，不管是行为举止还是价值取向，都可以得出结论，他/她最近受到了重大刺激，是这样吗

茅塞开花：无论从理论推理，还是实践观察，如果出现你说的情况，那样的结论都是大概率事件。

我有一位同学，人不错，但在读书期间是个远离政治，也谈不上有信仰的人，对集体活动也没啥兴趣，除了学习，与世无争，更不会和同学发生太多争执。基本上给我们的感觉是，除了学习成绩好，就是一个很好相处，对别人没有太大影响力，也不是太想去影响别人的人。大学毕业后到了国外，她开始信教，从此变成了非常虔诚的教徒。很多年前，我和她通过一次邮件，她写了很长的一封邮件劝我信教。

坦率地说，我是挺吃惊的，因为做这件事，不会有人给她任何好处，她一定是发自内心的。但她的这种行为,与当年给我留下的印象反差太大。当时,我也没太多想。这两年,我在研究关于人性的问题、刺激理论和痕迹理论时,想起她了,于是去年我在微信上问她:你刚去国外那两年里,是不是遇到了很大的挫折啊?她的回答很有意思:我很幸运,听到了神的召唤。

大家可以品品这句话,就知道我判断她出国之后遇到重大挫败的结论是对还是错了。

第五节　重复强刺激

○ 微言无忌

2015年2月4号,中国台湾复兴航空飞机失事。飞机上有一名空姐,2014年澎湖空难时,她原本是机上的空服员,与同事换班逃过一劫。这次福大命大,虽身受重伤,但大难不死。

我估计这位美女等身体恢复以后,就该交辞职报告了。而且,今后不到万不得已,恐怕是死活不愿意坐飞机了吧。

☆ 老王解事

正如那位空姐的经历一样,类似的重复强刺激是很少见的。一旦出现,往往具有重塑个体价值观的力量。

重复强刺激的本质,就是用相类似的事件,给受刺激者以巨大的冲击,这种冲击通常是直击受刺激者的内心,深达底层价值观,从而产生改变甚至重塑价值观的效果。

能改变受刺激者价值观的刺激,通常都是负面的,这种对心灵层面的刺激,往往对接受者来说,都是非常痛苦的。因此,过程中内心的煎熬程度，只有本人才能意识和感知到。

一旦在内心重塑价值观，人生可能会走上一条完全不同的道路。这条道路也许是阳关大道，也许是条不归路。到底是哪条，取决于受到的是什么样的刺激。

☆ 开个茅塞

网上看到一个例子，说是发帖人有个闺蜜，说起来也挺惨的。几年前交往了一个男朋友，都快谈婚论嫁了，结果男的不辞而别，到外地工作去了。去了以后才跟她讲分手。她经过这事，很长时间不敢谈恋爱。前年终于缓过劲，开始谈恋爱，又交往了一个男友，没想到交往了一年多，都准备见双方家长了，才发现这个男的是个骗子。她痛不欲生，跟闺蜜说，再也不相信爱情了。发帖人问这种情况怎么办。

基本上，这种事情，很难办。这属于典型的重复强刺激，对于这位女性的婚恋观应该是一次巨大的重塑，重塑的结果就是她会觉得这个世界上没有一个男人是靠得住的。

解决问题的唯一方法，可能是身边的人想办法，让她慢慢多接触一些靠谱的男人（虽然可能不太好找），运用重复弱刺激的方式让她明白，好男人肯定是有的，只是她还没碰到而已。不过，做这种事情，必须要经过很长的时间，要有足够的耐心。时间的长度与她受刺激的程度成正比。受刺激越深，这个时间就越长。总之，做好准备，"药"不能停。

第六节　重复弱刺激

隔壁老王说段子

鉴于重复弱刺激是我们生活中最重要的一种刺激，这里请允许我多吐几个吧。

1. 段子一

刚上大学的时候，班里有一位男生，非常讨厌别人碰他的头，不知道是不是跟祖辈习俗有关，只知道谁要摸他的头他跟谁急。后来慢慢熟了，经常开玩笑，男生嘛，大家也知道，手比较贱。我们很喜欢做的一件事就是有意无意地摸他的头，开始他还企图反抗，到毕业时，他已经很乐于接受我们把他的头发揉来搓去了。

2. 段子二

记得有一次出差，坐很晚的飞机回北京。飞机进入平稳状态之后，因为大部分旅客都在睡觉，机舱内的灯光关上了。我正睡得迷迷糊糊的时候，就听见左后方座位上传来一个小朋友响亮的声音。我回头看见一个估摸三岁左右的小孩子，一边在椅子上蹦来蹦去，一边嘴里大声地说着什么（没听懂）。

如果这是我的孩子，我的做法一定是要将他按住，告诉他边上的人都在睡觉，你可以不睡，但你不可以发出太大的响动。遗憾的是，那对年轻的父母，不光没有制止孩子的行为，还在边上一边鼓掌，一边赞美孩子：真可爱，真可爱。

这样的父母培养出来的孩子，将来怎么指望他能有关注和体谅他人的意识。

3. 段子三

很多年以前，陪一位老领导出差。老先生那会对《花心》这首歌非常着迷，晚上吃完饭以后，当地的领导请老爷子和我们一行到歌厅唱歌。老爷子要求每个人都陪他唱一遍《花心》，当晚大概唱了20来遍，人均两到三遍，唱得我们都快吐了。这事留下的后遗症，是现在如果让我在KTV点歌，《花心》是最早浮上我脑海的歌曲之一。

◯ 微微盘道

重复弱刺激建立习惯

重复弱刺激，是用同样的刺激不断对人施加影响，从而使对方产生明显的改变。这种改变的结果，是会形成习惯。

做父母的可以想想，自己的孩子在开始刷牙时，是不是喜欢刷牙？第一次，出于新鲜和好奇，大部分孩子都会有兴趣试试，可一旦我们要求孩子早晚都要刷牙时，我们会发现基本上所有的孩子都不喜欢。从人性的角度看，这说明我们小时候应该也是不喜欢刷牙的。但现在，每天早上起床之后去刷牙，已经成为不需要有人监督，我们成年人一定会自觉去完成的行为。原因是，刷牙已经成为我们的习惯。

因此，习惯的养成，就是靠弱刺激的不断重复——这就是习惯塑造的本质。这种重复，除了让受刺激者自己主动重复之外，还可以通过建立一种环境，通过环境给人的重复刺激，形成被塑造者的习惯和认知。

也许你听到一首歌，非常喜欢，你会随着旋律反复哼唱，无意识之间，哼唱几次之后，就可以不用伴奏直接唱了。此外，如果天天让你听这首歌，每天听个几十遍，尽管你没有跟着学，可一旦你张嘴，你会发现歌曲的旋律自然而然就会从你脑子里跑到嗓子里去。

不信的话，那些在春节前会常常去超市的读者，看到下面的这句话，试试你读的时候有没有带着旋律：

我恭喜你发财，我恭喜你精彩，最好的请过来，不好的请走开, oh！礼多人不怪……

这就是重复弱刺激的效果。

弱刺激并非一定要持续很长时间才能实现。不知大家有没有总结过自己背单词的规律。从我自己的经验来说，在我的机械记忆力最好的年龄，大概十几岁左右的时候，一个单词，反复背诵十几遍，肯定就能记住，在很长时间内都不会忘记。按照我中学英文老师的说法，只要在头脑中重复出现 21 次，一辈子都不会忘。

当然，这种记忆单词的方式，肯定不如在连续 21 天里每天背一遍的效果更好，是因为在很短期内的重复，其实给大脑的刺激强度是逐渐减弱的，也就是后面再重复时，给大脑的刺激力度要低于前几次背诵的时候。而连续每天背一次，则是以基本相同的强度在进行重复刺激，所以效果更好，记忆更长久。

好习惯与坏习惯

如果对习惯再做更具体的分析，还会发现一些很有意思的规律。习惯可以分为好习惯和坏习惯，比如早睡早起，每天坚持运动，这些都是好习惯；上完厕所不洗手，开车并线不打转向灯，这些都是坏习惯。显然，好习惯的养成，要比坏习惯难得多。为什么？

坏习惯其实是符合人的一部分动物性本能的：偷懒，自利。因此，很多坏习惯的塑造，不需要去坚持重复刺激，只要没人管，就会自然而然地形成。

我们经常可以看到身边有不少孩子，吃饭的时候，一边吃，一边玩，这时大人跟在孩子屁股后面，拿着调羹喂饭。这样的孩子一般在身体发育上多少都会受些影响。养过猫狗的人可以观察一下，小猫小狗吃饭的时候，也有这个特点，吃一会儿，玩一会儿。什么情况下它们会老老实实地吃完再去玩？食物不够，需要抢的时候。因为等玩回来就要饿肚子了。

所以，要养成孩子吃饭时不玩的好习惯，最简单的方式就是坚持一个原则：不吃就饿着。同理，治孩子挑食，也可以采用这样的办法。放心，现在的孩子，一般来说营养都够，两顿吃不饱，饿不坏，但这样却可以让家长将来省心，不但可以培养孩子良好的生活习惯，更重要的是培养了孩子的专注力。这就是为什么我们常说不能专心吃饭的孩子，也很难专心听课的原因。

而好习惯通常是要与第二层面和第三层面的人性相吻合的。这就意味着人需要形成自我约束。很显然，从人的动物性本能出发，是不愿意受到约束的。因此，自我约束的行为要变成习惯，就需要坚持弱刺激，不断重复。

重复弱刺激对价值观的影响

重复弱刺激对于一个人的价值观会有影响吗？这个问题需要分别从对孩子和对成年人的价值观影响来看。

1. 重复弱刺激对孩子价值观的影响

对于还没有形成完整价值观的孩子来说，重复弱刺激是塑造他们价值观的重要影响因素，甚至是决定性的影响因素。

例如，在很多家里，晚上吃晚饭的时候，夫妻会聊聊今天单位里发生的各种事情。我们看看下面的对话：

夫：今天单位里公布了这次新聘任中层的名单，老周没聘上，我看他可郁闷了。

妻：是吗？他不是挺能干的吗？而且在你们单位不也好多年了，轮也轮到他了啊。

夫：是啊，估计他也是这么想的。所以他也没去给领导送礼。可是你没去，别人去了啊。大家要是都不送，那没准还有机会。你说这个世道怎么了？我们单位的领导，不是谁能干谁上，是跟谁关系好让谁上。这么下去，我看好多能干的人都得走。

妻：是啊，要不你也想想是不是换个地方？不可能所有单位的头都这样。咱靠本事吃饭，怕啥。

夫：嗯。

这段对话明显地展现出了夫妻二人的价值观。问题的关键在于，在夫妻对话的过程中，虽然话不是说给孩子听的，而且大人也许觉得孩子还听不懂，但对孩子而言，无数次听这样的对话，实际上是在潜移默化中树立了价值观的标准：靠本事吃饭，才是最重要的。

在现实生活中，我们会发现，如果父母都是公务员或官员或国企的干部，特别是级别还比较高，这样的家庭中成长出来的孩子，在为人处世方面，大部分会有较好的人际变通或"人情世故"的能力。

很多父母会觉得，我们并没有主动给孩子灌输相关的意识和教育，为什么孩子会有这样的行为特征？这不是天生的吗？其实，真实的原因在于，就像前面的对话一样，在父母之间聊单位里的事情的时候，一定是带有自己的价值判断和评价的，比如说"这人这么做真傻，哪能在会上当着那么多人的面让领导下不来台啊"。

父母在说这样的话时，一般都不会避着孩子，对孩子来说，这就是环境提供的无意识的弱刺激。这样的弱刺激不断重复，多次出现，就会在孩子的心目中产生行为判断的标准：让领导当众下不来台是一件很傻的事。当他们长大以后，这就会成为他们自然而然的行为准则。这个过程，不仅孩子是没有意识的，家长自己也没有意识，最后，只好把孩子的某些行为特征归于天生。

我们不要用对错和好坏来评价价值观，但作为父母，需要反思的是，你是否希望你的孩子接受和认同这样的价值观？为什么前面说过，不"装"的父母不是好父母，就是因为这个世界存在太多阴暗、丑陋的一面，在孩子还没有形成完整、定型的价值观之前，作为成年人，就算我们因为生活和工作的压力，不得不接受这样的社会现实，但在对孩子进行教育的时候，还是应该给他们正面、积极和向上的引导，而要尽量避免在他们面前表达出对社会陋习的屈从。

当孩子接近成年，有了比较完整的价值观体系之后，他们自然会有辨别善恶美丑的能力，作为父母，也不用担心他们走上歪门邪道。

我工作将近20年，一直不敢有所松懈，工作成为我生活中最主要的部分。在很多朋友看来，日子过得很无趣。关于这个问题，我自己也曾很认真地思考过，仅仅是因为高成就动机，所以才让我形成了现在的生活态度吗？似乎是，但又不全是。

上中学的时候，有时会在父亲的书桌上做作业，抬头就能看见墙上挂的一副条幅：业精于勤荒于嬉，行成于思毁于随。年轻时，没有意识到这句话对我的影响，直到我 36 岁生日的时候，父亲给我写了一张卡片，上面还是这两句话，才让我隐隐意识到这两句话对我的认知习惯的影响有多大。因为不断受到这样的话的重复弱刺激，所以在我的潜意识中，对于"嬉"是有负罪感的，只有看书、思考和工作，才能让我获得内心的平静和满足。

所以说，父母是孩子最好的老师，其实并不仅仅因为父母有意识教给孩子的那些内容，更重要的是言传身教，在孩子成长过程中，家庭环境塑造所产生的潜移默化的影响。所以很难想象，一个生活在父母终日吵架的家庭中的孩子，会对婚姻有很强的安全感，就是这个道理。

2. 重复弱刺激对成年人价值观的影响

重复弱刺激对成年人的影响，和对孩子的影响差别很大。小孩因为价值观没有成型，所以重复弱刺激可以起到塑造作用。而对于成年人来说，价值观基本定型，靠重复弱刺激已经很难改变了。

但很难改变，不代表不能影响。比如说，未婚同居或奉子成婚这样的事，对 20 世纪 70 年代之前出生的人，应该是很难接受的。这跟他们在成长的年代所受到的教育有关，也跟当时的社会整体舆论环境有关。这是典型的价值观。

但当他们的子女到了谈婚论嫁的年龄时，由于整个社会在这种事情上的宽容度越来越高，这个年代的人，也慢慢开始接受了上述的行为。但这种接受，并不是颠覆性的改变，我们可以用这样的方式来表达：从不接受到接受，但不代表赞同。如果从不接受到赞同，那则是颠覆性的改变了。

这就是重复弱刺激会带来价值观的变化，但要产生价值观的重塑，依靠重复弱刺激则是很困难的，除非不断的重复弱刺激累加，变成了强刺激。重复弱刺激转变为强刺激的问题，我们在下面一节中进行讲述。

重复弱刺激的理论告诉我们，正如古谚语说的，谎言说上一千遍就成为真理——此话绝对不假。

☆ 开个茅塞

茅塞一根草：我的孩子不爱读书，怎么办

茅塞开花：了解了习惯塑造的本质，就可以理解为什么家庭对孩子的一生影响有那么重要了。一个每天晚上父母都在那里安静地看书、工作的家庭，将来孩子对于阅读会形成潜在的习惯；一个每天晚上父母都是在电视机前、麻将桌旁度过的家庭，让孩子愿意多读书，难度会很大。这是因为对孩子来说，他从小长大的环境给予他的刺激是不一样的，在潜意识中，前者会让孩子觉得，阅读是生活中非常正常、自然的一件事。我们总说，孩子是父母的镜子，其实道理就在于父母给孩子塑造的生活环境的不断刺激，在孩子身上所形成的习惯。

所以，如果孩子不爱读书，很重要的原因之一，应该是你没有在孩子成长的过程中，给孩子塑造一个身边人业余时间都在看书的环境。所以，如果要让孩子多读书，作为父母，每天晚上也拿起书好好地读读吧，哪怕是装模作样呢。

茅塞两根草：给孩子选择好的幼儿园或学校重要吗？为什么有时孩子从学校或幼儿园回来，会说一些让父母很吃惊的话，都不知道是跟谁学的

茅塞开花：环境由于不断提供了弱刺激，因此，对一个人的影响是非常大的。这一点古人也早就认识到了。《三字经》中讲的孟母三迁的故事，就是希望给孩子找到一个好的环境。

相信有的父母会有这样的感受：孩子自己带的时候，还有很多好习惯，可是一旦送到幼儿园或者学校，就会发现他们身上沾染了一些我们非常不愿意看到的毛病和习惯，包括说出一些让父母很诧异的话来。

问题在哪？也许少部分情况下，跟幼儿园或学校的老师有关，但我相信绝大多数为人师表的老师，在面对孩子的时候，应该还是很正面的。真正和你的孩子始终相处的，是他的同学，幼儿园同学和小学、中学里的同学。这些同学中，往往会有家庭教育非常糟糕的孩子，他们每天和你的孩子的相处时间，可能会超过8小时。而我们作为父母，每天和孩子相处的时间，可能也就是早上送他上学，晚上接回来以后直到睡觉前的这段时光了，这段时光往往比学校里的时间要短。再去掉孩子做作业的时间，可以影响他的时间每天甚至也就两个小时。

同时，作为父母也并不了解孩子今天在幼儿园或学校发生的所有事情，那些在我们看来不好的孩子，给我们的孩子施加了哪些不良的影响或刺激，我们是并不清楚的，换句话说，我们可能没有机会及时给孩子加以反方向的刺激，让他们形成正确的认知。久而久之，孩子就会慢慢形成了我们不愿意看到的认知和习惯。

所以，即使不考虑师资力量和教育资源，学校或幼儿园的选择，对于孩子的成长来说，也是非常重要的。但遗憾的是，在目前的社会，我们想给孩子找一个好的环境已经变得非常困难了。不是名校或高档幼儿园，里面的环境就一定比非名校更单纯。从这点上说，中国目前的教育制度和教育环境，的确是让人感到担忧和悲哀的。

小的时候，父母都不让我们跟所谓的"坏孩子"玩，其实，当我们身边的小朋友被定位为坏孩子的时候，我们往往对他们讲的话是有戒备心的，反倒是那些看起来还不错的小朋友，因为大人允许甚至鼓励自己的孩子和他们交往，会受这些小朋友的影响更深。如果他们的家庭教育中给孩子灌输了一些我们不认同的价值观和行为标准，这些影响就会在我们的孩子身上呈现出来。这背后，其实还隐藏了影响他人时的心理状态分析。关于这个分析，我们后面将专门展开。

茅塞三根草：寒门真的难出贵子吗

茅塞开花：这个问题，可能会让很多人不舒服。但这里的寒门，不是指一般老百姓家庭，而是家庭条件特别差的"寒门"。

除了因为家庭经济状况，父母有心却无力创造出优越的教育条件外，有些"寒门"中的父母自身并没有很好的学习习惯，这对孩子是有着潜移默化的负面影响的。虽然我们不能说"寒门"中的父母，就不读书、不学习，但如果大家有心去观察，就会发现，除了因为疾病、灾难等特殊原因导致的家庭贫寒外，在条件差的家庭中，父母受教育的程度与其阅读和学习习惯不是没有相关性的。

这个不是血统论，而是表明了一个人的成长环境所提供的重复弱刺激对其整个人生可能产生的影响。因此，如果希望"寒门出贵子"，更重要的是从父母自身的改变开始做起，给子女树立良好的榜样。所以，我们也可以看见，虽然说寒门难出贵子，但出贵子的寒门依然并不少见。

当然，这个社会由于权势、金钱所引起的严重的教育资源失衡，也是导致寒门难出贵子的非常重要的原因之一。

父母是孩子一生的老师，但遗憾的是，不是每位父母都是称职的老师。对孩子不当的教育方式，也许要10年甚至20年之后才会发现。可惜，等很多父母意识到这个问题时，已经基本没有挽回的机会了。所以，就一般规律而言，年轻人走上违法犯罪道路时，其家庭通常都是或多或少有问题的。

茅塞四根草：为什么有时候不喜欢一个人，就会越来越不喜欢

茅塞开花：重复弱刺激的原理，也可以解释为什么我们有时不喜欢一个人，然后就会发现后面会越来越烦这个人。仔细想想，这个人我们后来其实也没有太多接触啊。

造成这种现象重要的原因在于，当我们讨厌一个人时，往往头脑中会反复想这个人不好的、令我们不爽之处，这种重复弱刺激不断强化了我们对不喜欢的人的负面看法。因此，当我们不喜欢一个人的时候，其实，强迫自己去想想这个人身上让你能够认同和接受的地方，会减少我们对他人的非理性认知，从而使我们在与他人沟通和相处的时候，会更加平与理性。

夫妻之间的相处其实也是如此。有些夫妻因为生活琐事而发生争执，一旦有一方被情绪所控制，忘记了沟通的目的，就很容易把过去的"陈芝麻烂谷子"的事都拿出来说。很显然，在争吵中，这些事通常都是从负面角度来表达的。争吵次数多了之后，都是在对彼此的负面感知进行不断的重复弱刺激，最后相互之间越来越觉得对方对自己不好。

"小吵怡情，大吵伤身"，夫妻之间吵架多了，感情很难不被破坏。因此，在夫妻相处的过程中，基本的原则是：出现问题，就事论事，一定不要把事情和人放在一起：我反对你这么做，不代表我反对你这个人。如果必须涉及把以前的事情拿出来讨论，那就尽量提好的往事，进行正面的重复刺激。这才是比较好的相处之道。

茅塞五颗星：修心是不是一种重复弱刺激

茅塞开花：这些年，身边有不少朋友都在做自我修炼，经常听到他们讲两个字：放下。其实，从修心的角度来说，怎么做才能放下？就是不去想。按照刺激理论，就是不要把新鲜刺激变成了重复的弱刺激，从而让这些事件在头脑中不留印象。

当我们不去在意很多物质的东西，不去在意那些虚幻的内容，比如金钱、权力、地位、光环等，很多令你感到不快的事情就会消失了，不会对你的情绪产生任何负面影响。例如，你本性就不想做官，比你资历浅的同事被提拔成你的领导时，你也不会有什么不爽，因为你不在意；因为不在意，所以在头脑中就不会去思考这个问题，也就不会因为重复刺激在头脑中留下印记。反之，这件事就会不断成为你烦恼的源泉。

修心之所以很难，其实是在于两点：一是每个人都有欲望，既然有欲望，就会有失望，所以一定会有负面情绪的产生，会有佛教中所云的"心魔"；二是我们绝大多数人在遇到负面刺激之后，很难做到不回头去想这件事。恰恰是这种重复的弱刺激，会使得我们的负面情绪积累越来越多，就更难放下。

因此，真要做到放下，其实就是做到前面两点：一是无欲，二是不想。但很显然，只要是人，就会有欲望，差别只是在于欲望的多少和高低。所以，对修心的人来说，要做的是尽量降低自己的欲望水平，这些欲望，不仅仅包括对自己的，也包括对他人的预期。

做到无欲很难，做到不想，则相对容易一些。做到不想，一是找别的事情做，分散和转移注意力。但这里不包括和朋友聊天倾诉。和朋友倾诉你的负面事情时，又是在进行了重复的弱刺激。二是调整自己的标准，也就是让能影响到你负面情绪的事件越来越少。所谓越来越少，不是减少了事件，而是调整了自己的灵敏度。

茅塞六根草：我很佩服身边几位大哥，他们处理事情的时候，似乎不管多大的事，都能做到从容淡定。如何运用重复弱刺激原理让我也成为那样的人呢

茅塞开花：能够做到泰山崩于前而色不变的人也就两种，一是吓傻了，还有一种是经常崩溃，经常重复刺激，习惯了。因此，不经过训练，绝大多数人是无法做到在危急情况下高度冷静的。这就是军事训练、体育训练的重要意义之一。

因此，我们如果希望影响自己的负面事件越来越少，不是让自己远离人群（当然，那也会有助于修行，因为外部刺激会大大减少），而是让自己多经历事，特别是多经历各种负面事件。经历多了，只要能扛过来，后面就很容易做到"宠辱不惊，看庭前花开花落；去留无意，望天空云卷云舒"了。

还需要说明的是，大哥估计也有慌乱的时刻，只不过让他们慌乱的事情比较少，不容易遇到。因为他们人生阅历丰富，经历的事情很多，在你

看来的大事,在人家眼里根本不算个事,慌什么!

再何况,即使大哥遇到了让他们慌乱的事,你也未必能看得到,因为人家根本不会跟你说。

没有一定的气势,怎么出来做大哥?

茅塞七根草:现在看新闻,发现有很多犯罪分子,都是有前科的,重复犯罪的比例非常高。这是为什么

茅塞开花:我们运用弱刺激的理论来分析一下。

如果我们希望塑造一个人,最好的方式显然是把他放在好人堆里。但好人是不愿意和坏人在一起相处的。一个人犯了罪以后,关在监狱里,监狱里面大部分都是坏人,虽然会有管教人员每天对他们进行思想改造,但一是价值观的改变很难,二是和他每天相处更多的人,恐怕绝大多数都不是良善之辈,长时间的弱刺激下来,最后改造的结果如何,其实是可以有预判的。

解决这个矛盾,我觉得也许得等到科技足够发达的那天,可以通过技术建立一个好人的虚拟世界,把犯罪分子放到这个虚拟世界中,才能真正达到改造的效果吧。

茅塞八根草:我在公司负责培训,可是我发现很多培训都是上课的时候热闹,过了一段时间,就跟没培训过一样,该怎么办

茅塞开花:弱刺激只有不断通过有意识地重复,才能转变为一个人的习惯。例如,让孩子练琴,让员工使用办公软件,都是通过有意识地重复,形成习惯,并以技能的方式呈现出来。我们在工作中总觉得员工的技能不足,说到底,其实就是对员工的重复训练不够,仅仅是弱刺激,但没有坚持重复,所以效果很一般。

根据这个逻辑,我们也就能很好地理解为什么很多企业做的培训,会出现培训时很热闹,培训之后效果全无的原因了。培训时无论用哪种方式来展开,互动也好,讲授也好,行动学习也好,其实都是在调整刺激的方式，但并没有形成重复。好的老师和差的老师的区别，只不过是在课堂上给学员的刺激强度的差异。好老师给的刺激强度高，记忆留存的时间稍微会长些，但如果没有后续持续刺激，也还是会遗忘。

所以，学习的过程中，不光"学"很重要，"习"甚至更重要，"习"其实就是不断重复，形成习惯的过程。在对他人，包括孩子和员工的技能培养上，仅仅靠一次两次刺激是没用的，必须反复多练。作家葛拉威尔在《异数》一书中指出："人们眼中的天才之所以卓越非凡，并非天资超人一等，而是付出了持续不断的努力。只要经过1万小时的锤炼，任何人都能从平凡变成超凡。"这里说的锤炼，其实就是坚持不断重复的弱刺激。

但靠谁来坚持？靠受训者自己吗？说老实话，很难。我们每个人内心都有惰性，这其实是人的动物性本身，也就是不想干活，不想受罪，只想歇着，只想享乐。可人和动物还是有很大区别的，人会有追求，这种追求就可以成为我们克服惰性和自律的源泉，只不过区别在于每个人的自律性不一样。高成就动机者，往往可以在追求目标实现的过程中有更高的隐忍度，就因为这种对目标的追求促使他们可以形成更强大的自律。而这种动机的形成，又跟小时候父母有意无意的价值观塑造高度相关。

所以，在工作中，培训也好，培养一个人也好，培训和教练的效果，在成就动机强的人身上，往往会比较明显，因为他们会在培训和教练之后自己坚持进行重复。而对于成就动机偏弱，或自我完善意愿偏弱的人，如果没有外界的力量促使他们不断重复训练，培训的效果基本上在一个月以后就消失了。

通过上面的分析，再回到前面的问题中，就可以得出结论：如果你希望看到培训的效果，无非是从两方面入手：一是选择那些能坚持去做自我完善和自我训练的人；二是在培训之后，无论是采用工作坊、行动学习、模拟演练的方式，还是在工作中建立相应的训练环境，都要让学员不断重复运用所学知识和技能，进而转变为习惯。

第七节　强亦会弱，弱亦会强

○ 微言无忌

我的一个学生，人不错，但就是有一点大大咧咧，时不时丢三落四。好几年前，吃饭时听到她哭诉，丢了一个诺基亚的8800A，还是黄金版的，一万多块，心疼不已。她吃饭时不停念叨，都快成祥林嫂了。

过了大半年，有事找她，电话问问她近况的时候，她跟我说，最近倒霉，又丢了个手机，是VERTU的，也一万多块，又郁闷了一次。但这次她的情绪显然就要比上次丢手机平稳多了。

一年之后，我在她的微博上看见，她好像又丢了一个苹果手机……但这次状态则十分淡定，就跟别人丢的一样。

当然，小姑娘的家庭条件确实还不错，但也不是"官二代"或"富二代"。

我除了默默赞美土豪就是任性之外，无语。

☆ 老王解事

很显然，对于小姑娘来说，第一次丢手机，肯定是强刺激，但第三次丢的时候，基本上就算是弱刺激了。

说到这里，还有两个非常重要的问题没有谈，就是强刺激和弱刺激能清晰地划分出来吗？弱刺激时间长了，会不会达到强刺激的效果？

刺激是强是弱，与标准有关

我们前面已经谈到，刺激分强弱，其实是个相对的概念，因为每个人的标准不一样。同样，即使对同一个人来说，同样的事件，刺激的强度和感知也是不一样的，这和一个人的经历有关。

例如，你的月收入是5 000元，在进入到现在的公司之前，从来没有拿过年终奖。到年底的时候公司给你发了5万块，算不算强刺激？对大多数人来说，应该算。但如果接下来的几年里，你每年都拿到 5 万块的年终奖，我估计到第三次的时候，你已经可以泰然处之了，不再激动了，甚至可能还有点小遗憾：怎么不能涨点儿呢？

所以，即使对同一个人来说，我们也难就每件事都给出标签：这个是强刺激，或者这个是弱刺激。这完全来自于个体的感受。经历多了，强刺激也可能会变成弱刺激，就如同那个丢了好几次手机的小姑娘。

多次相似的弱刺激可能会转变为强刺激

强刺激有可能是由多个弱刺激事件不断出现后形成的，换句话说，多个弱刺激最后转变为强刺激。

例如，你是一个很正直的人，但你发现身边某一位看起来很正经的同事在损公肥私，此时你可能依然不齿，也不会改变自己的价值观，但不代表你没有受到弱刺激。之后，你接二连三地发现，身边的同事都在干这样的事，而且居然没有受到任何惩罚，甚至还因此不断高升——这就是在给你不断的弱刺激。虽然你并不在意高升这件事，但你在意的是什么样的人高升。

此刻，尽管你的价值观还是没有发生重大变化，但有可能已经开始有所动摇了。直到有一天，你发现你一贯尊重、敬佩的领导，也在搞人前一套、背后一套的做法，贪的程度比你的同事有过之而无不及，而且不仅毫发无损，甚至还获得了更多机会，这时你很有可能会严重质疑自己过去的坚守是不是正确的，今后该不该独善其身。等到此时，强刺激就形成了。这种强刺激，就不仅仅是你看到了自己的领导在贪，而是从发现同事贪，到看见领导贪的整个过程。

由此，可以看出环境是多么重要，也能理解为什么本届政府在惩治腐败上下了如此大的力气。

因此，我们在应用刺激理论的时候，不用纠结于这件事到底是强刺激还是弱刺激，而是要关注如何运用强刺激去改变一个人，如何建立重复的弱刺激去塑造他人的习惯。

☆☆ 开个茅塞

为什么现在一查官员的腐败问题,往往就是一窝腐败分子?难道这些官员从小就"三观不正",所以"人以群分"吗?

古语说,"出淤泥而不染",其实这是一件非常难的事情。我一直有个观点:所有人身上,既有善的一面,也有恶的一面。好的环境能激发人善的一面,把恶的一面抑制住;而差的环境恰恰反过来。因此,一个组织的文化,如果很糟糕,套用一句形容语,叫"劣币驱逐良币"的文化,我们就会发现,这个组织中的"恶币"越来越多。不是因为招人的时候招的都是"恶币"(这也是其中原因之一),最主要的原因是这种组织文化,会给人不断的重复性的弱刺激,使得很多"良币"在这样的环境中,慢慢改变了自己的节操,最后发生了价值观的巨变,成为"恶币"。

所以,对一个组织或团体来说,一旦发现组织文化出现恶化的迹象,必须及时制止,否则一旦进入常态,再想挽回,难矣。如果非要挽回,除了大规模换人,恐怕没有更好的办法了。前一段时间,山西官场上的"塌方式"腐败,这是重要的原因。我相信那些官员中,有一部分人在刚刚走上仕途时,本质并不坏,但在一个腐败的环境中,由于长时间的弱刺激加上时不时出现的强刺激,慢慢就转变成了腐败分子。

所以,一个让官员"不能贪,不敢贪"的环境,才是防治腐败的根本手段。而建立这种环境,决策过程的透明和对权力的约束则是必要条件。

组织和团体如此,社会亦如此。

至此,刺激理论说完了,但疑问还没有完全结束。马云的确是有重大挫败感,但肯定不是任何一个人给他讲讲那些理论他就会相信的啊。的确如此,这里面,就涉及洗脑的原理了。下面,我们来分析一下洗脑的原理和如何反洗脑,也就是影响与改变他人的方法。

第四章
CHAPTER4

洗脑，你行的

第一节　为什么他信你不信

💤 隔壁老王说段子

先从一个小事说起。有一年我去广州上课，住的地点在市区，上课的地方也在市区，距离大概四五公里的样子。客户因为没有车，让我早上自己想办法过去。

我查了一下，从住的地方到上课的地方，坐公交不是很方便，坐地铁要换乘。我那次是连续出差，拿着箱子不方便挤地铁，所以准备选择打车。因为从来没有在广州打过车，所以晚上我给酒店前台打电话，问早上打车是否好打。前台跟我说，早上上班高峰不好打，等车估计得半小时到四十分钟。

在北京和上海这样的城市有过早上高峰期打车经验的人应该知道，这个说法听起来应该还是挺靠谱的（那会儿还没有滴滴打车之类的工具，电话约车也约不上）。

其实客户上课的时间不算早，九点半开始。我算了一下等车的时间，再担心路上堵车，留了一些余量，八点十分就从宾馆结账出发了。在五分钟不到的时间里，来了三辆空出租车，前两辆还有人跟我抢，我让了。第三辆车没人跟我争，就上去了。

结果八点半不到，就到了上课地点，此时客户还没有开门。我抱着箱子，坐在客户办公楼门口的台阶上，非常苦闷：早知道就多睡会了，头一天晚上两点多才睡啊。等上课时发现,客户里听课的学员有从外地来的,跟我住一个饭店,人家基本上都是九点甚至九点十分才出门,也在九点半以前到达了培训教室。

我是一个很理性的人啊,为什么那么容易就被前台给忽悠了呢?

微微盘道

通过这个故事,能看出影响他人的要点了吗?不行?再看一个例子。

有过培训经验的朋友都知道,很多培训师在上课开始之前,都会介绍自己的一大堆头衔,什么大师啊,教父啊,教母啊,开山鼻祖啊,第一人啊,金牌啊,专家啊,名誉博士或教授啊,以及各种听起来高大上的机构的头啊,等等。还有很多培训师在开始上课之前,也不断地跟学员强调,要有空杯心态,放空自己,云云。知道这么做背后的目的是什么吗?

上面的两个例子,其实都说明了一个人在什么样的状态下更容易听进别人的意见,受他人的影响。我们按照从高到低的顺序,可以把我们接受他人观点的心理状态划分为三种,如图 4-1 所示:

低接受度	中等接受度	高接受度
(高戒备度)	(安全防松)	(未知、神秘)

图 4-1

- 高接受度状态
- 中等接受度状态
- 低接受度状态

不同状态下,每个人对于他人观点和意见的接受程度有着明显的差别。无论是故事中的我,还是开课前的培训师,其实都是在高接受度状态下去影响他人。

对每种状态的具体分析,且听下文分解。

第二节　要人信你胡话，必先自我神话

○ 微微小测验

我们来假设一个场景，看看你的反应。

假如你的好朋友，领着一个仙风道骨模样的老头过来，跟你介绍说，这个人是国内最顶级的老中医——其实这个人是王老师装扮的。然后他看着你，神色非常严肃，眉头紧皱，说一句：唉，这么年轻，可惜了。想吃啥就吃啥，想去哪转转，抓紧吧，别太苦着自己了……然后转身离开。

不知你当时会不会心里发虚？相信绝大多数人都会（学医的除外）。

☆ 老王解事

高接受度状态的特点

这种状态的出现是在我们面对所不了解和不熟悉的领域，并且对这个领域的知识比较在意，而面对的人又让我们感觉到非常厉害或专业的时候。此时，我们内心是有着潜在的紧张和不安的，对方讲的话就很容易听进去。前面讲的打车的例子，就是我处于了高接受度的状况。

人在高接受度状态下，对于对方的观点，往往不会采用批判性思维的模式进行分析，而更容易采取的是全盘吸收的态度。

要让沟通的对方进入高接受度状态，需要具备两个要点：

- 你所擅长的领域是对方感兴趣，或虽然未必感兴趣，但必须要了解的。
- 你在对方面前是个专家，而且你让对方感觉和你的差距越大，对对方的影响力就越强。当对方用看待"神"一样的眼光来看你时，你对对方的影响力将远远超过你的想象。

差距大，重要的不是专业水平本身的差异，而是等级的距离感。等级距离感与两方面因素有关，一是等级本身的差距。例如，同一个领域的专家和入门者，部长和科长之间，这都是等级之间的差距。二是人和人之间关系的亲密程度。人和人之间，越熟悉，越不容易被神话。

比如，两口子都是搞法律的，丈夫是法律界的大拿，妻子只是个一般的小律师，在专业上，妻子也一定敢挑战丈夫。如果他们不是夫妻，妻子这种地位，是很少会去反驳丈夫那个地位的意见的。

我几年前写过一本关于招聘的书，出版之后，送了不少朋友。结果发现一个很有意思的现象，越是特别熟的朋友，往往越不会花时间仔细看，反倒是关系不太熟的朋友，或者不认识我的陌生读者，会仔细阅读。道理就在于此，因为熟，没有距离感，所以看我也就那么回事，我写的书——不读也罢。

高接受度状态在员工塑造中的应用

高接受度状态的原理在员工塑造中，非常有用。如果你是企业的管理人员，不妨想一下，员工在什么时候对企业是有着神秘感的？没错，刚入职时！这就意味着，企业在新员工入职时，对员工进行培训，所灌输的很多理念和要求，是最容易被员工所接受的。

遗憾的是，很多企业没有意识到这一点，在员工刚入职的时候，因为各种原因，没有安排入职培训，等员工工作了几个月甚至大半年再安排，员工对企业已经没有神秘感了，企业内部人员再讲很多要求时，员工接受的程度就会大大降低。

据我的观察，在国内的知名企业中，有三家企业的新员工培训做得是很不错的，分别是华为、联想和海底捞。

这些企业通常会在新员工入职阶段，在员工对公司还充满了未知和神秘感的阶段，安排时间长度较长的新员工培训，通过反复刺激，帮助新员工建立习惯和企业所需要的认知。这种培训对员工的影响其实是非常深远的。

当然，有的公司因为规模不大，不太可能举办统一的新员工入职培训，那就建议管理人员在新员工上班的第一天，和对方做一次谈话。只要管理人员的谈话技巧足够，这种谈话的效果是很明显的。

回到前面的两个例子，我们就可以明白，这就是为什么在很多企业安排培训时，如果是请外面的培训师，培训之前，一般都会介绍老师的头衔和背景，不管这些背景是否真实，至少听起来是高大上的，也就是借助心理学上的"晕轮效应"，让学员产生神秘感。不少培训师也会反复强调让员工放空自己，凡此种种，都是要让员工进入到高接受度的状态，从而实现对员工更深入的影响。

同样的道理，内部培训师对学员的影响，往往不如外部培训师，不是因为内部培训师的水平比外面来的人低，而是因为学员对内部培训师比较熟，不容易在听课时进入高接受度的心理状态。

正所谓：外来的和尚好念经，是也。

高接受度状态在子女教育中的应用

这种高接受度心理状态的特点，也可以在对子女的教育中灵活运用。

最典型的，就是当父母把孩子带到一个完全陌生的环境中进行影响。比如孩子从来没有出过国，第一次带到国外时，孩子通常在兴奋、好奇的同时，也是有着潜在不安的（两三岁以下的小孩除外，他们对出国玩基本还没有概念）。从孩子知道要出国去玩这个消息开始，就可以给孩子灌输与出国相关的观点和要求，比如，在国外，对小孩子的要求，是吃饭的时候不可以玩，如果边吃边玩，就不给吃了。

这话在家里跟孩子说，一般效果都很差，相信很多父母会有体会。但如果是借助带着孩子出去这件事，来传递这样的要求，孩子的接受度就要高得多。有兴趣的父母在对孩子的教育中不妨尝试一下。

不过，用这样的方法时，有几个要点：

- 不能说假话骗孩子。即使是四五岁的孩子，也已经有判断力了。如果让孩子发现父母在骗他们，以后父母再提要求时，他们的接受程度就会下降。
- 要把你对孩子的要求和出国这件事结合起来，而且这个结合应该是自然的，符合逻辑的，否则会遭到孩子的挑战。就好比跟自己的孩子说，过几天我们要去美国玩，你自己玩完玩具要收好。这种结合，就会使得孩子在认知上感到疑惑。
- 在向孩子传递这些要求时，需要重复讲，用重复的方式形成习惯性认知，并进而借此建立习惯。

类似的道理，父母请孩子喜欢或认可的叔叔阿姨给孩子提要求，效果有时比父母直接给孩子提的效果更好。

如何利用高接受度规律建立粉丝群

了解了高接受度的心理状态的规律后，无论是企业还是个人，都可以应用在建立自身的拥趸方面，也就是俗称的"粉丝"。

现在网上流行一个词，叫"死忠粉"，说的其实就是粉丝经济。有不少名人会把这些死忠粉转变为商业价值。与此对应的另外一个很早以前就有的词，叫追星，更早以前，利用粉丝的传统做法，就是找明星代言产品。

1. 粉丝分级

在考虑如何建立粉丝群之前，需要先对粉丝做个分级，才能知道什么是真正牛的粉丝经济。我们可以把粉丝分为如下几个级别：

第一级别，最高级的粉丝：

他们愿意为自己所追寻的偶像或理论付出时间、金钱甚至生命。能拥有这种级别粉丝的产品或思想或理论，具有摧毁现有体制甚至整个社会的力量。

纵观历史，能做到这个水准的，除了几大宗教和信仰之外，没有一个产品能实现，甚至连伟大的孔孟之道都做不到这一点，因为孔孟之道没有达到信仰层面。

为什么产品不能实现？是因为宗教和信仰是塑造一个人的价值观，而一个人的价值观是他所有行为的出发点。产品通常都是物质层面的东西，很难上升到精神层面，所以产品很难拥有这个级别的粉丝。

如果有一种产品，能把物质层面和精神层面的内容结合起来，其改变世界的力量将是极其巨大的。需要警醒的是，目前的一些，打着传统文化或思想外衣的"洗脑"培训，走的其实就是这条路子，害人不浅。

第二级别的粉丝：

具有理性思维能力。他们之所以选择了这个产品或理论，是因为他们对产品的优势和不足有清晰的认识。因此，他们愿意为这个产品付出时间和财富。但恰恰因为他们是理性选择，所以在付出的时候，他们不会做出疯狂的举动。

反过来说，这类粉丝因为对产品有着清晰的认知，只要产品能保持较好的竞争优势，竞争对手是很难将他们策反的。把这些粉丝打跑的，不是竞争对手，而是产品本身。

这类粉丝其实力量是很强大的，但他们的理性决定了他们并不会在喧嚣的互联网上发出太多的声音，这就决定了他们的力量往往会被忽视。而一个人的成熟和理性是需要时间的，能达到这个级别的粉丝，通常在社会上生存了一定时间，也有较强的支付能力，其实是企业最应该关注的人群。不过，由于他们经常处于不愿意太多发声的状态，企业要找到他们，并不容易。

第三级别的粉丝：

这个级别的粉丝，是拥有狂热情绪，激情满满，或者情绪化、感性化程度很高的人群，比较多的是"草根"。他们选择某一类或某种产品或思想,并非因为产品本身带来了非常好的体验,而是身边人群的评价,决定了他们的产品体验。这类人群的特点是心理年龄比较年轻,容易冲动,愿意表达,所以满世界听到的都是他们的声音。但他们因为整体社会地位并不是太高,所以支付能力并没有企业想象的那么强。他们更多能付出的,是时间,而不是金钱。

很多演艺界明星的粉丝,其实就属于这个级别上的。他们并不能给明星带来太多的直接收入,但因为他们愿意付出时间去追随明星,所以能给明星带来人气很高的感受,这也是明星需要的。因此,从明星内心来说,并不会把这些粉丝(过去叫"追星族")太当回事,这就可以解释为什么很多明星口口声声说观众是他们的衣食父母,但真的面对几个狂热的"衣食父母"跟着他们索要签名合影时,他们往往会觉得很烦,因为这些粉丝无法给他们带来什么真正的价值。当然,每年安排几次明星见面会也是必要的,这是维持粉丝热度的必要手段。在保持神秘感的同时,让粉丝们不会因为觉得明星跟自己不是一个星球的,实在太远够不着而彻底放弃。

不少号称"女神"级的女孩子,会发展和保持多个"备胎",其实走的也是同样的路子。

这类粉丝因为情绪化,所以很容易受到整个舆论的影响,也容易因为抱团反过来影响舆论。因此,这类粉丝看似疯狂,但随着周边舆论的变化,以及他们自身的不断成熟,"反水"现象的发生,绝对是大概率事件。从这个角度来说,"得小人物者得天下"这句话,其实也不要太当真。

从我的观察来看,"果粉"(苹果的粉丝)虽然貌似很多,但真正达到第二个级别的粉丝绝不是大多数。

第四级别的粉丝:

这类粉丝既没有狂热的情绪,也不会为他们追随的产品付出太多的时间和精力。他们的原则是,好就用,不好就拉倒。网上的各种讨论,他们会偶尔参与,但热情不高。一旦发现更好的替代品,马上就会更换。这类人年长年轻的都有，他们共性的特点，是对这类产品的兴趣不是太高。苹果的用户中，其实有不少也是这个级别的粉丝。这类人群的购买力参差不齐，没有明显规律，有不少有钱人，对于他们所不关注的产品，反倒往往会属于这个级别的粉丝。

小米号称"米粉"很多，但根据我的观察，很少有第二个级别的粉丝，主要是第三个级别和这个级别的粉丝，并且在第三个级别上的粉丝，数量要明显少于"果粉"。所以，小米产品对粉丝的影响力，和苹果产品对粉丝的影响力，到目前还不是一个数量级的。

至于这两年热炒的"雕爷牛腩""黄太吉煎饼"等，他们的粉丝基本都是第三个级别的，很少有能到第二个级别的粉丝。所以，他们依赖粉丝经济，短期内带来人气，是完全可能的，但三年以后，如果产品没有根本性的变化，估计这几个名字都不会再被人提起。

2. 粉丝经济应用案例

2014年靠粉丝经济挣到钱的一个典型案例是"罗辑思维"。理论上说，"罗辑思维"是最有可能把粉丝经济搞得风生水起的产品，因为他们是在思想或者说价值观层面上对用户进行影响，比牛腩和煎饼的层次高。

我看了一下"罗辑思维"的书，客观地说，早期的文章，还是有深度的，但后面的文章和前面的相比，明显深度变浅了。这也难怪，一个人思考的深度，是需要时间积累的。为什么很多相声演员刚出道时，好段子很多，而越往后，好东西越少？并不完全是因为观众的审美品位提高了，而是前面的好段子，很多是他们出名之前长时间的积累；出名之后，为了维持自身的地位和热度，就需要不断推出新东西。可是有深度的东西，哪有那么容易发现？

"罗辑思维"其实是想建立第二层面的粉丝，他们设计的产品是思想类的，如果做得好，理论上还可以建立一批第一级别的粉丝。从结果上看，确实有一定效果。

但思想层面的产品，更是需要长时间的浸淫和探究才能挖掘出来的，仅仅靠自己快速读一本书，给别人讲讲书的要点就卖钱，最后建立的粉丝，最多也就是第三层面的。而第三层面的粉丝，其实通常对于深度思考是没有太多兴趣的，第二层面的粉丝应该是他的主要用户。但这类用户的特点是理性，如果"罗辑思维"的产品依然停留在这个层面，很快他们就会失去兴趣。

四个层面的粉丝，不存在孰高孰低的身份等级问题，每个人在不同的领域，都有可能成为不同级别的粉丝。要想建立自己真正高级别，也就是第二级别以上的粉丝群，最关键的不是营销，也不是靠所谓的做社区的方式来养粉和涨粉，要点在于你的产品是不是能真正打动对方的需求和痛点。

3. 如何建立第二级别以上的粉丝群

对于第二级别以上的粉丝群，是需要能用产品或理论本身打动他们的，也就是要能精准地找到用户的痛点。

而一个能打动用户需求痛点的产品，又分为两个层面，一是表层痛点，二是内心痛点。

（1）表层痛点

表层痛点感知快，见效明显，但好了就容易忘掉，属于弱刺激。这类产品因为痛点好找，解决难度不大，开发起来容易，传播速度可能也很快，但如果不能从对表层痛点的满足转化为对内心痛点的满足，基本上属于生得快、死得也快的玩意。看看这些年互联网上多少风光一时的产品，最后昙花一现，原因即在于此。

（2）内心痛点

首先，内心痛点的寻找和切入，难度很大。一是用户在表述痛点的时候很复杂，这就好比你去医院看鸡眼和看头痛，前者很容易解决，后者往往医生很难给你确诊。

因为内心痛点也好，头痛也好，影响因素非常多，要发现其中的关键因素，没有深厚的专业积累，是非常困难的。

其次，要解决内心痛点，难度也很大。因为影响因素多，解决方案涉及多种资源、功能或产品的组合，甚至解决方案都不是唯一的。

最后，内心痛点的形成不是一天两天，是长时间积累的结果，所以，要验证产品的功效，也需要时间的考验。而在浮躁的心态下，很多做产品的公司撑不到那一天。

所以，我个人是不认同某些投资界大佬所说的，只有"90后"的人，才更可能在技术和模式上有创新的想法。"90后"的创新，更多的是解决用户表层痛点的创新，而缺失对用户内心痛点解决方案的创新。不是他们不想，而是他们的社会经验决定了他们的能力暂时无法给出有效的解决方案。当然，随着他们逐渐成熟，要做到这一点，也是有可能的。

可回过头说，解决用户内心痛点的产品，因为复杂，就会很重，也就是所谓的"重器"；因为很重，启动慢，传播也慢，获得商业收益的时间也长。无论是创业者还是投资者，很多人都无法忍受这样的产品慢慢成长的过程。这也导致能解决用户"内心痛点"的产品，往往也很难成功。

这个世界就是一个充满了矛盾和不尽人意的世界。

辨识"洗脑"，谨防上当

综上所述，我们就能发现"洗脑"的基本步骤：

第一步，造神。将一个普通人包装成"神"，"神"不可轻易出现，也不能和受众有太近的距离，这样才能形成神秘感。而包装的目的，则是要达到权威感。

第二步，选择那些对"神"的理论感兴趣的人，这些人最好是在近期有比较明显的挫败感的人群，这样影响的效果才会更好。

第三步，将受众集合在一起，人越多越好，利用人的从众心理，在人群中安插多名自己的托，建立对"神"进行膜拜的气场，从而影响那些处于接受和不接受中间地带的受众。

第四步，当然就是开始收钱了。

如果读者有兴趣，可以了解一下传销发展下线的模式，以及某些"大师"上课的路子，就会发现，他们都遵循了上述的规律。

梳理"洗脑"的步骤，是希望读者能学会辨识那些掌握了"洗脑"规律的不怀好意的人，防止自己和身边的人上当受骗。

开个茅塞

茅塞一根草：孩子处于逆反期，大人说什么，他都反着来。这样的孩子，怎么去影响和改变呢

茅塞开花：孩子在青春期，往往对父母会产生比较明显的叛逆心理，不管父母说什么，他们都反着听。而且父母越是说"我是为你好"，孩子越抵触。在这个时期，有些道理靠父母直接灌输，难度就很大了。可以采取的做法，是运用前面提到的高接受度的原理来对孩子进行影响。

首先，要了解孩子对哪方面的人感兴趣，或者会佩服什么样的人。孩子对父母有逆反心理，不代表他们没有认同的人。了解了他们佩服什么样的人之后，如果父母直接认识，最好，那就请他们出来和孩子聊聊，效果会很好。但如果父母不认识，这时可以找自己身边关系很好的朋友帮忙，先要把朋友塑造成孩子会特别认同的那类人。这时，父母就需要貌似不经意地在孩子面前聊聊这位朋友很厉害的地方——前提是厉害之处必须是孩子所认同的。例如，孩子喜欢打游戏，不愿读书，这时就要把朋友塑造成游戏高手，但别提朋友关于读书方面的事情。做这个铺垫的目的，是在孩子面前，塑造朋友的神秘感，为后面去影响孩子做准备。当然，这么做的前提，必须是找到靠谱的朋友，他们应该有较强的影响力，对于父母在孩子面前所提及的那些领域，例如打游戏方面，的确是要有一定建树的，否

则见面和孩子一聊，就露馅了。

其次，找机会让孩子和朋友见面，最好让孩子首先提出来，然后不要轻易把朋友约出来，可以对孩子说朋友很难约，加强神秘感。

最后，在朋友和孩子见面聊天的时候，要从孩子感兴趣的地方入手，比如玩游戏，通过交流，强化孩子对朋友的崇拜感。之后，朋友要把话题巧妙地引入到玩游戏和读书学习之间的关系上来。

按照这个思路去影响青春期的孩子，效果会比父母每天在孩子面前唠叨好得多。

茅塞两根草：很多书上都讲，家长要和孩子做朋友，可是，真按照这种方式去做，却发现孩子越来越有主意，听不进大人的意见和要求了

茅塞开花：我们还会发现，由于信息接触得多，现在的孩子要比我们在其同年龄时更成熟。由此带来的问题是，我们五六岁的时候，父母说啥，我们都很少去反驳，除了不敢顶嘴怕挨揍以外，也是因为我们对外部世界的认知太少。那会父母一般都会在孩子面前建立权威感，孩子对父母的话，还是用仰视的态度去听，容易接受。而现在的孩子因为成熟早，会有自己相对独立的判断，再加上很多年轻的父母，秉承的教育观点是要和孩子做朋友，从而导致孩子对于父母的很多意见，不再会简单接受。

也许有的朋友会说，让孩子思辨地理解和认识世界难道不对吗？这个出发点没有错，但思辨地理解，不代表不去引导和丧失权威。孩子因为缺乏足够的思辨能力，在他们小的时候，用权威的方式去帮他们建立判断的标准，要比让他们自己去想明白更重要。

如果父母只是考虑到和孩子做朋友，而忽视了在孩子面前权威的建立，这种心理状态，就会影响到父母对孩子的教育效果。所以，孩子不听话，根本原因在哪，很清楚。

茅塞三根草：是不是彼此越熟，越不容易说服对方啊

茅塞开花：这话既对也不对。说对，是因为彼此很熟，你要在对方面前建立神秘感，把对方带入到高接受度的状态中，基本没有可能。

这就是为什么一个在外面可以驰骋江湖、叱咤风云、统率千军万马的将军，未必能管得了自己孩子的原因。因为将军在孩子面前，没有神秘感，父母又恰恰是对孩子来说最熟悉的人。所以，同样的观点，如果孩子对父母有抵触心理，有时候父母表达出来，反倒不如让孩子会有敬畏感的老师或其他人表达更容易让孩子接受。

说不对，是因为彼此很熟的情况下，虽然不能进入高接受度状态，但很容易进入到中等接受度的状态下。在这种状态下，大家讨论问题，交换观点，是理性的，有思考的，如果对方真的能接受，影响力也不会小。

茅塞四根草：为什么现在微博和微信上很多励志类或鸡汤类的文章，都喜欢在标题里写上名人的名字：××说

茅塞开花：里面很多话，估计这些人自己都没听说过。想传播文章的人，其实就是利用了名人在民众心目中的形象，借助高接受度的心理状态，来影响读者。

客观地说，由于社会整体的浮躁，现在很多人其实在看别人写的文章、听别人的观点时，更多是以自己对表述者这个人的看法来决定是否听取对方的观点，而不是从内容出发，理性判断，因此，往往会对很多事物形成误判。

比如说，因为这个人牛，就觉得只要是他说的，应该都没错。微信中一些传播很广的谣言，其实是与我们在阅读时的心理状态有关的。某些不怀好意的人，就是利用了目前社会下人们普遍存在的浮躁状态和我们听取他人意见的心理状态，对他人进行洗脑。

茅塞五根草：一个背景经历都不错，社会地位也挺高，看起来整体生活水准不差的人，和一个生活比较拮据，日子过得很艰辛的人，谁更容易被洗脑呢

茅塞开花：我相信不少人的选择是后者。如果我们看看那些加入传销队伍的人，会发现大部分人群确实符合后者的特征。

我几年前曾经参加过一个打着"直销"旗号，实际就是传销公司的下线发展会，10平方米多点的小屋里，或坐或站或蹲，挤了20来人，绝大多数都是生活在社会相对底层的人。

我们观察一下就会发现，那些去给别人洗脑的所谓"大师"，都会采用一种共同的方式：自我神话，神秘化。而一个人被神话的高度，其实对每个人的感知是不一样的。社会地位越低的人，他们会对神话者的仰望越明显；而社会地位越高的人，因为和被神话者的距离不远，反倒不容易被这些人所影响。这就是传销在发展下线的时候，往往会从生活在社会底层的人民群众中进行开发的主要原因。

说到这，我相信有的读者会产生疑问：为什么那些你说的不容易相信别人的人，恰恰成为这几年一些洗脑培训的常客，而且他们还会被洗脑洗得非常彻底。这几年南方有一个40来岁的培训"大师"，非常火爆，经历不详，以所谓的"智慧"为主题，举办了大量的培训。我身边有一些企业家朋友参加过这样的培训。他们学历不见得差，至少家庭背景是不错的。那为什么他们也会被传销或某些大忽悠的洗脑类课程给搞得五迷三道？

当一个人的社会地位和背景越好的时候，越容易给自己设定很高的目标，目标太高，挫败感就越强。同时，地位很高的人，往往会因为在意自身的社会形象，不太愿意将内心的挫败感向外界表达与释放，长此以往，在外部环境没有转好的情况下，会加重内心的挫败。此时，他们反倒要比一般人更容易轻信洗脑类的"教化"。所以，正如之前所分析的，当我们在关于某些"大师"的报道中，多次看到某著名企业家的身影时，可以判断出，在那几年里，他远远没有我们外界看到的那么光鲜，内心的压力和挫败感应该是极强的。

茅塞六根草：是不是如果在一个人受到了负面强刺激的时候，面对"大师"，会很容易臣服

茅塞开花：如前文所述，一个人在遇到负面强刺激时，是改变他价值观的最佳时间点。但不是所有人对他的影响，他都会接受。

当他遇到重大挫败时，是价值观开始松动的节点，这时，并不是什么人跟他去讲佛法或修行的理论他都会信，一定是要有"大师"出现。而这些大师，不能是自己找上门的，那样很掉价，不是大师所为。一定是他某个比较靠谱的朋友推荐，说是某大师如何如何神奇，多少达官贵人都深深为大师所折服，云云。这就是提前给大师戴上了光环。这样，去见大师的时候，其实已经是抱着仰望的心理状态了，也就是高接受度的状态下去交流的。当对方讲的内容听起来有道理时，他会非常容易接受。

记住，大师讲的东西一定要听起来有道理，虽然仔细推敲，逻辑上是有很多问题的，但一定要做到乍一听，挺有理的。因为在这种状态下，大部分人会丧失掉理性的辨识能力，不自觉地进入到对方的话语体系中。而且进入越深，被洗脑洗得越厉害。

从操作层面上说，大师也需要有技巧，越难见到的大师，越神秘，洗脑效果越好。所以，如果你拜见大师的时候，甲大师让你在门口等了一个小时才出来，乙大师则在门口挂了横幅来迎接，通常甲大师对你的影响就会高于乙大师。

有没有发现，其实要骗那些成功人士的钱，也不是太困难的事。但骗子在骗这些人的钱之前，需要做很多铺垫，除了自我神话以外，让成功人士信任的人成为自己忠实的粉丝，并在成功人士面前，通过弱刺激的方式，在对方中等接受度的情况下先神话自己，然后"坐等待兔"即可。

了解了骗术的规律，就能更快更准确地戳穿骗子。

茅塞七根草：按照你的分析，那请明星代言是不是只能针对第三层面的粉丝才有效呢

茅塞开花：我们按照前面的思路来分析一下明星代言产品到底有多大效果。

假定某明星是一个你很喜欢，很认同，也很欣赏的人，好比那个长腿都教授吧,你在电视上看见他代言的某种品牌的冰箱的广告,请问:你会因为他代言这种产品,就选择购买这种产品吗?

我相信大多数人不会。原因是我们在选择冰箱的时候,会有我们自己的判断标准,因为对于这样的商品,我们是了解的,换句话说,这些产品对我们没有神秘感,所以,就算我欣赏你这个人,我也不会因为你的推荐而改变我选择的标准。

但如果都教授代言的是一种你所不了解的产品或服务呢?比如某种全新的数码产品,其功能我们不要说用,连听都没听过。都教授说:这个东西很好,是我从外星球带来的哦。你会去试试吗?我相信愿意尝试的人一定会比前者多,前提是对这种东西感兴趣。

如果让一个看起来也很帅气,但你不认识的人来介绍这款产品,效果恐怕要差很多。其背后的原因就在于当我们面对未知的事物和领域时,或者我们内心有潜在不安或紧张感的时候,对外部世界的信息会处于高接受度状态,只要让一个我们信服的人给我们建议,我们听取的概率会很高。

因此,选择明星做广告代言,其实是需要考虑对哪些产品的效果更好的。

当然,这个分析只是单一维度,不能作为是否选择明星代言广告的决定性标准。在现实中,影响广告效果的因素非常多。比如,首先是产品问题。如果产品质量非常次,用户体验极差,谁用谁死,估计就算是请再大牌的明星来代言也没戏;其次,从粉丝角度来说,一个人可能是某类产品或理论的第二层面甚至第一层面的粉丝,但可能是另外一种产品第四层面的粉丝。所以,广告请代言人的效果,还要取决于产品本身的受众人群,是不是和粉丝群的特征相吻合。此外,广告本身的制作,也对受众有很大影响,等等。

第三节　保持平常心，慧眼看世界

○ 微微小测试

读书好累，再做个小测试休息一下。现在请你想想对你影响最深的 10 句话或 10 个观点。实在想不出 10 个，能想几个是几个。把这几句话或几个观点写下来，再想想这话是谁说的。

有没有发现，里面有相当一部分不是那些高大上的名人或权威说的，而是你身边的同学、朋友或同事说的，甚至有的话你根本都不记得是谁说的了。

☆ 老王解事

第二种接受度，也是我们通常听别人说话和表达观点时的心理状态，叫中等接受度，一般是在一个人感到安全和放松时的心理状态。这个状态下，我们在听别人的观点和陈述时，通常也是最理性的。在这种状态下，因为对方的观点我们是经过思考之后才接受的，所以反倒会很牢靠，也会真正变成我们自己的认知，很难再被改写。

所以，人生中，真正影响我们的观点，大致会具备以下两个特征：

- 我们在接受这个观点的时候，是经过思考，特别是批判性思考的。在逻辑上进行了推理和挑战，我们无法推翻这种观点。
- 我们自身的经历证明了这种观点的准确性，换句话说，我们受了刺激，刺激印证了观点。

这就是为什么真正影响我们思想的很多观点和理论（不是全部），有很多是来自于与你平等，并没有被人神话的人。身边人与你平等（指心理状态），了解你，所以他们给出的建议往往更容易切中你的要害。

我们日常工作和生活中，大多数情况下，听别人观点的时候，属于这种状态。这种状态下，通过不断重复刺激，会形成对方的习惯性认知。

就我个人而言，我更欣赏用这种方式去影响别人，但这意味着当我们要说服别人时，更需要靠道理和逻辑。而且，如果遇到对方在情感上已经对你处于排斥状态时，也就是进入感性思维而不是理性思维模式时，不管你讲得是否有道理，基本都没啥用。

因此，从另外一个角度来看，作为倾听者来说，如果要做到不轻信，始终保持理性的思维状态，就要让自己不要理会对方的身份和角色，而是仔细分析和梳理对方所讲的内容。更直白地说就是：我不在意你是谁，我只在意你讲的是不是有道理。

从很多年前起，"著名"的脑白金的广告在央视高频率播出，相信有不少朋友跟我一样对这个广告有着很强的排斥心理，自己也不会去买。我有个同学在这家公司做过高管，我和他交流这个问题时，他明确表示，我们这样的人，根本就不是他们的目标客户。他们的目标人群，是二、三、四线城市和农村的观众，而且据他说，效果很不错。

效果不错的原因，其实无非两点：第一，绝大多数人在看广告的时候，处于放松状态。同时，央视这样的播出平台，对于大城市的人来说，不会觉得有什么特殊，但在后线城市和农村，人们会把这个平台的地位看得很高，潜意识里会有这样的判断：央视上播的，应该没问题。

第二，高频率的刺激，其实就是不断重复，用重复来塑造认知习惯，让受众在不经意间形成对这个产品的认知。脑白金广告用这种方式，在广阔的农村开辟了巨大的市场。

而这个产品在大城市的白领人群中，因为最开始就感觉到广告的恶俗，所以在听广告的时候，其实是处于后面所说的低接受度的心理状态，不断重复，其实是在强化对这个产品的负面认知。只不过，出品商不在意这个人群的看法，你又不是人家的菜好吗。因此，不管你是否喜欢，从营销的角度来说，脑白金的广告是非常成功的。

我个人最受不了的广告，就是当年某羊毛衫品牌的广告了。在我的印象里，这个广告是最早使用简单、粗暴、重复的模式来影响受众的。广告就一句话。时间长了，搞得别人一说上句，我就想接下句。

因为他们最早使用这种模式，我们开始的时候是没有戒备心的，所以被影响得很深。但后面的跟风者上来时，我们已经有很排斥的心理状态了，所以这家公司之后那些靠简单句式重复三遍的广告，一是对我们的刺激强度已经大大减弱，二是反倒让我们觉得品牌很低级。

了解了上面的原理，就可以大概分析一下今后单一广告方式的效果是会越来越好，还是越来越差。互联网、移动互联网和自媒体的不断发展，社会价值观的多元化，使得一个人希望能让大多数人接受和认可变得越来越难。一个媒体让大家始终觉得高大上也非常困难，即使央视这样的官媒，在新媒体的冲击下，要依然保持过去那种高度权威的形象也基本很难了。

这样的趋势带来的结果，是不管什么样的媒体，什么样的明星，他们能影响的只是一部分契合度高的人群。如果希望自己的产品或服务能被尽可能多的用户认可和接受，在广告设计上，就需要选择多种平台和多种产品表达方式的组合，从而给用户以多种类型组合的重复弱刺激，从而接受广告宣传的内容。毕竟，对绝大多数人来说，看广告的时候的心理状态，还是属于中等接受度的。

☆ 开个茅塞

结合刺激理论和人接受他人观点的三种心理状态，如果我问一个问题：世界上最厉害的风是什么风？相信答案你就能猜到了——没错，枕边风。

枕边风就是在放松状态下，对一个人的重复弱刺激。我们总说，成功男人的背后，通常都有一个伟大的女人。就是因为男人在外改变世界，但在家里，女人改造男人。而改造的手段，其实就是在用不断的弱刺激，对男人的行为和价值观进行塑造。当然，这里有两个前提，一是他们足够相爱，足够信任；二是女人自身的高度，决定了她改造男人的能力。

第四节 我凭什么相信你，我的敌人

微言无忌

三国时期，魏国派老马哥——司马懿挂帅进攻蜀国街亭，诸葛亮派小马哥——马谡驻守失败。司马懿率兵乘胜直逼西城，诸葛亮虽然手中什么也没有，但沉着镇定，大开城门迎敌，而且自己端坐在城楼之上，弹琴唱曲。

司马懿怀疑设有埋伏，忍了半天，还是决定闪人先。等得知西城是空城回去再战，猛将赵云已赶回解围，最终司马懿大败。

这就是微微三国麻辣烫之著名的空城计。

老王解事

人在听取他人观点和意见时的第三种接受度，则是低接受度，高戒备的心理状态。在这种心理状态下，不管对方说什么，都会从反面去理解，而不会轻易相信。孔明先生作为绝世的心理专家，基于对司马懿性格特质的充分把握，利用人在低接受度心理状态下，你说东，我偏往西的特点，施计成功。

这也是为什么父母在训斥孩子时，我们会发现其实很多道理在低接受度的时候讲，孩子内心并不接受，只不过为了避免冲突，而选择不抵抗罢了。

举例说明，热恋容易让人丧失理智，也是因为热恋中的人，每天看到的、想到的以及回忆起的，都是两人之间美好的事物，而忽视了对其不好的一面的观察和思考。正面的重复弱刺激，最后形成的结果就是"眼里只有他/她的好，天下只有他最帅/她最美"。而这个时候，恰恰又是当事人最容易丧失基本判断能力的时段。

做父母的，基于自己的人生经验，如果判断出他们在一起不合适，往往会想让他们分开。而孩子通常处于心理上的排斥状态，不管父母说什么，孩子都会觉得说的不对。一旦进入到这种状态，父母的强逼分手，最后可能导致的结果，并不是子女接受了自己的观点，反倒有可能是离家出走——私奔去也，更狠一点的角色，还会走上极端——以死殉情。

所以，从子女教育来说，在他们开始恋爱之前，帮助他们提高看人的水准和技巧，提高择偶的标准，才是防止这种悲剧性结果发生的根本之道。万一之前没有引导好，出现了上面的情况，那就随孩子去吧，虽然走了弯路，终归还有纠正的机会，尽管代价可能很大。

我们每个人对他人的看法，都有一个特点，就是从正面评价变成负面评价，要比从负面评价变成正面评价容易得多。因为当我们对他人是负面评价时，对方不管说什么，我们都很容易以高戒备度的心理状态去听和评价，很难被他所影响，也很难从对方的言行举止中发现他正面的东西。要变成对他的好评，自然难以实现。所以，一旦我们对他人有了负面感知，再变成正面评价，就非常困难了。

但从正面评价到负面评价，就比较容易了，往往可能只是因为一件事，甚至是因为一句话，就会形成对对方的负面看法。

☆ 开个茅塞

经常在网上看见诸如"他/她不爱我了怎么办？""我如何去挽回这段感情"之类的问答，挺有意思。我们这里借助前述的低接受度心理状态来做一些分析。

从逻辑上说，不爱通常有两类原因，一是觉得不适合，但不是对方不好，所以选择理性分手，这时提出分手的一方，其实并没有对对方产生太多的负面评价；二是觉得对方不好，所以要分手。这时，就已经从原来恋爱中的五星好评转变为差评了。

对第一种情况，理论上来说，因为尚未进入负面评价状态，再差可能也还是中性评价，所以通过对彼此相处方式的调整，还有可能让对方回头。因为对方尚未产生排斥心理，你愿意做出的改变和挑战，对方还是有可能从积极正面的角度去接受的。这种情况下的分手，如果双方都不是意气用事的人，分手依然可以做朋友。

第二种情况，已经进入负面评价状态，想要让对方回头，就很困难了。无论一方如何进行调整，提出分手的一方都会从负面角度去理解和猜疑，很难再从正面角度进行感知。因此，这种状态下的分手，双方再保持朋友关系基本不太可能了。

当然，还有一个挺大的可能，不是你不好，是对方遇到了一个对他/她来说，比你更好的人，所以准备放弃你了。这种情况要挽回，我看也够呛。

不过，话说回来，感情里的事，再理性的人，也有糊涂的时候。所以，很多时候，即使当事人也未必真正能讲明白，到底是真的不合适，还是觉得对方不好，还是对方既不好，又不合适。

骗子另当别论。

第五节 拿什么拯救你，被"洗脑"的人

隔壁老王说段子

有一次给一群企业家上课，下课的时候，一位企业高管找到我，说

是他们老板听了南方某"大师"的课程之后，完全被洗脑，公司花了几百万，送所有中层和高管去听"大师"的课。同时，老板按照"大师"的理论，在企业内部管理中胡搞一气，谁劝都不听，企业本来一年的利润也不过几百万，经过老板这么折腾，公司都快干不下去了。这位高管问我，怎么办？

依我看，冻豆腐——难办（拌）。

○○ 微微盘道

"洗脑"有规律，那把被"洗脑"的人"洗"回来，容易吗？

显然，我们用"洗脑"这个词来表达时，说明我们认为"洗脑"的内容，是与常见的生活逻辑不一样甚至是相反的，被"洗"的人，看待问题的评价标准，通常和我们大多数人的标准是有着巨大差异的。这也意味着，我们通常认为是正面或合理的事物，被"洗脑"的人会认为是负面的，或者反之。例如，前两年网上流传的很火的一句话：成功的要素就是坚持。相信大多数人看到这句话时，也就是当成一句调侃而已，但被"成功学"洗过脑的人，很容易把这个当成真理。这背后其实涉及的是一个人的价值观的问题。

根据前述的人接受他人观点的三种情况的分类理论，就会发现，"洗脑"要比"反洗脑"更容易。被"洗脑"的人，当他们面对与自己所接受的理论或观点持不同态度的人时，会迅速进入到第三种状态：高戒备状态，这时无论对方怎么说，他们都不会认同。这也是为什么被传销"洗脑"的人，很难"洗"回来的根本原因。但如果一个他很尊敬和认同的人，从坚定的传销支持者，转变为对传销切齿痛恨的人，对被"洗脑"的人，震撼就会很大。

正如前面所分析的，要改变一个人的价值观，只有在其遇到重大挫败时，才有可能。所以，对被"洗脑"的人，要想把他们"洗"回来，恐怕只有他们遭到了远远超过自己预期的挫败时，方可奏效。不过，还是前面说过的，这种重大挫败，一定是他们自己认可的，而不是我们认为的重大挫败。

这实际上意味着，一旦一个人被"洗脑"，再要想调整回来，其实难度是很大的。

所以，概括起来，如果希望把身边被"洗脑"的人"洗"回来，基本的步骤是：

- 寻找一个能让被"洗脑"者认同的人，这个人最好是有着与其相似的经历。不过，这样的人可能很难找到。
- 观察被"洗脑"的人对未来的目标和预期，判断他们什么时候会遭遇重大挫败。
- 在他们遭遇重大挫败的时候，选择能让他感到安全和放松的环境，由他认同的人出面，对他进行影响。但此时，施加影响的人，表达和沟通技巧非常关键。如果上来就直接批评被"洗脑"者，前面的工作可能就前功尽弃了，因为对方进入了心理排斥的状态。适度的认同，是让被"洗脑"者放松的重要起始环节之一。
- 在对方开始出现动摇之后，要施加以连续的弱刺激，不管是谈话还是呈现实例的方式，帮助对方进行改变。

但无论怎样，"洗脑"都可以理解为对对方价值观的改变，这种改变的难度很大，所需时间很长，必须做好充分的思想准备，不断坚持，才有可能成功。

第五章
CHAPTERS

因为痕迹,你无处可藏

第五章　因为痕迹，你无处可藏

第一节　痕迹——生命的印记

◯ 微言无忌

如果在街头偶遇游走的算命先生，他们也许会看着你说：你有血光之灾啊。一般人听到这句话，会有三种反应：第一种，有多远，滚多远，否则我让你有血光之灾；第二种，"呵呵"一笑，漠然置之；第三种，面色一凛，说道：你说啥？

在我眼里，这些游走江湖的算命先生，与骗子无异。所以，虽然有不少次在街头遇到这些"江湖异士"，但很少会遇到他们找我搭讪。

那这些算命先生，会跟什么样的人说这句话呢？

☆ 老王解事

如果一个五大三粗、一脸横肉的人，打扮得像黑社会似的，一脸喜气地走在街上，我估计没几个算命的敢上去跟对方说这句话。这些算命先生在选择目标人群时，一定是要先看你的穿着打扮，包括胳膊上挎的包，手里拿的手机——这是在判断客户的支付能力；二是要看你的年龄——这个判断被忽悠的可能性，通常老头老太太更容易被忽悠，特别是如果跟他们说家里孩子可能要出事，效果比说他们自己要出事还好；三是看你的表情，这是判断你现在的心理状况。这个行业我没干过，不是很清楚行规，但我判断，只要满足两个条件，算命先生就可以上去搭讪了。

前面的问话，如果从销售技巧来说，是设计得非常巧妙的，叫"一句话识别潜在客户"。算命这事到底值不值得信，每个人可以有自己的选择。但从算命先生的工作技巧中，我们可以学到的是，问题设计得越好，对于判断他人的帮助越大。

判断从何而来

有了对人性的基本了解，以及对人的价值观、习惯等形成原因和刺激理论的认知之后，我们接下来要讨论如何对人进行观察和判断了。

在讲如何判断之前，我们先要想一个问题：一个人坐在那里，如果没有任何的语言、动作和表情，我们能判断出对方的特质吗？答案恐怕是否定的。

从这个角度推理，我们就可以发现，在正常的人际交往中，最可怕的不是吵架，而是无表情的沉默。很多女性，在婚姻中其实最害怕的不是对方和自己吵，而是害怕对方不给自己任何的回应，就是所谓的冷暴力。吵架本身，其实也是一种交流方式，至少你能知道对方在想什么，而沉默，则让你对对方的真实想法无从判断。

所以，对于我们这些经常讲课的人来说，最让我们抓狂的，并不是上课时学员的质疑和对我们的挑战，而是在上课的时候学员没有任何回应。如果你讨厌一个培训师，请组团去听他的课，之前大家商量好，上课过程中，无论对方做什么，无论是否点名回答问题，都不喜不悲，不嗔不怒，不说话，不回应，不理睬。估计连续碰上三回这样的事，这个培训师就该退出"江湖"了。

我们对人的判断，一定是来自其穿着打扮、行为举止、言谈表述。所谓的"观其行，听其言"是也。

回到前面举的例子吧。我个人从来不信算命的，也见过一些算命先生，我觉得没一个靠谱的。但通过对他们的观察，发现有不少算命的人，的确很厉害，厉害的地方有两点：第一是他们的细节观察能力，或者说痕迹把握能力很强，他们能比一般人更多地观察到你的各种细节；第二是他们的问题设计是很有技巧的。这就使得他们在对你进行判断时，能比别人更准确地发现你的特征，并通过有效的问题设计，引导你给出答案。所以，不是算命准，是他们通过对你的痕迹观察到了相对准确的判断，真的没那么神秘。

什么是痕迹

在进行痕迹解读之前，先要讨论一个问题：痕迹是什么？

痕迹，是一个人经历的过往在其思想上、言谈上、行为举止、身体上、心理上和习惯上等各方面所留下的印记。这些印记的特点，是具有特殊性和难以隐藏性的。痕迹，会暴露出一个人的价值观，也会呈现出一个人的性格特质。

一个人的穿着打扮、行为举止、言谈表述，从广义角度来说，都是"痕迹"，但如果这个人的穿着、行为等，和同类人都一样时，这种痕迹的价值就明显降低了。因此，本书中所谈到的痕迹，是指一个人和别人不一样的地方。或者说，和同类人中大多数人不一样的地方。每个人成长的经历都不尽相同，所以每个人一定会在身上呈现出与他人不一样的痕迹。

中医看病，讲究"望闻问切"，就是在寻找各种疾病的痕迹；刑侦中，寻找各种证据，也是在寻找罪犯的各种痕迹；网友们在网上扒贪官，发现"表哥""房姐"等，其实都是通过各种痕迹分析出来的。显然，痕迹这个词生活中虽很少提到，但原理我们并不陌生。

好比，一个30岁的小伙子就谢顶了，同龄人基本不会，这就是痕迹。但如果是一个快80岁的老爷子谢顶了，这就没有太特殊的判断价值。反之，如果这位老爷子耄耋之年，依然满头乌黑的头发，那倒是很有意思的痕迹了。

一般而言，当别人都采取同一种行为，而被观察者没有做时，痕迹是很明显的。例如，火车站或公交车里，有经验的警察可以发现小偷，很多时候就是因为观察到小偷的很多行为举止与其他人是不一样的。比如他们的眼神，不像其他旅客一样单纯，他们会观察不同的乘客，判断自己下手的对象。这种行为虽然隐蔽，但对于经过训练的反扒民警来说，是有痕迹可循的。

我有一次给国内某航空公司上课，跟他们交流，在飞机上，安全员的痕迹太过明显，从对安全员的定位来说，其实是有问题的。

因此，对他人的痕迹观察，是需要有生活经验的，此为其一；其二，我们在平时的生活中，需要多观察和总结各类不同人群的共性特点。

由于对人的分类极多，从男人到女人，老人到孩子，南方人到北方人，中国人到外国人，"高富帅"到"矮矬穷"，我们根本不可能穷尽所有分类方式，所以，本书不谈对人的分类，而是会直接从痕迹本身的分类来对不同痕迹背后可能体现出的人的特质进行描述。

痕迹理论的意义

痕迹的特殊性，有助于我们了解和判断一个人。所谓的特殊性，是与其同类或相似人群不一样之处。

痕迹形成的原因，使得痕迹难以隐藏，所以可以帮助我们更加真实地了解一个人。

但造成痕迹的原因有很多，必须要强调，本书后面提到的各种痕迹分析，严格意义上，都应该在结论前加一个词，叫"有可能"，或"很有可能"。而不能说：一定如何如何。人的多样性，意味着我们永远会有自己所不了解的人群类型，仅仅根据自己过去打过交道的人群的经验，去判断未知的人群，从逻辑上讲，就是不严谨的。

所以，我们在使用痕迹理论对他人进行分析时，务必要把握的原则是：

- 痕迹的形成有多种原因，发现痕迹之后，不要轻易下结论，而是要通过痕迹，与对方进行有效的沟通和交流，通过严谨的逻辑推理来形成结论。
- 所有的痕迹判断，都是基于大概率事件所做的，而不能成为百分百的结论。

第二节　为什么痕迹会暴露真相

隔壁老王说段子

我有次上课碰见一位国企的老总，年过50，用的是白色的苹果手机。我就问他这个手机是自己买的吗，他说是。我说为什么要选白色，当时没有黑色吗，他说当时有黑色，选白色的原因是想换换新的感觉。我接着问，换手机那会是不是感觉生活很平淡，没啥意思，对方表示了认同。

为什么我会做出这样的判断？

我们想想一个人为什么要找找新的感觉？通常最直接的原因，就是对当前的生活状态感觉枯燥和乏味，希望用一些外在形式的调整，来给自己带来新鲜感。

这就是手机体现出来的痕迹。

微微盘道

我们对他人进行观察时，一般都是在正常状态下，看对方在安全放松状态下的下意识反应和行为（还记得前面讲的人什么时候最真实了吧），那这些反应和行为，体现的是什么呢？

归根结底，可以把这些归结为习惯，一个人思考、说话、做事的习惯。习惯的养成，正如前文所述，是重复弱刺激形成的，因此，通过对他人下意识习惯的观察，可以推理出一个人过去的成长环境和经历。

这就是痕迹背后的逻辑。

为了让大家更好地理解痕迹，结合前面的故事，从一个基本上人人都有的装备——手机来继续讨论。

手机的样式和种类越来越多，所以从对手机的选择上，是可以观察出一个人的某些方面的特征的。例如，苹果手机在出5S之前，颜色只有两种：黑色和白色。用心的人会发现，大多数女性选择的是白色，男性选择的是黑色。这个很正常，不称之为痕迹。但如果看见一位男性使用了白色的苹果手机，就可以问一下了，因为他的做法与同类的大多数人不一样。这就是痕迹。

但需要强调的是，男性用白色手机的原因是很多的，不同的原因反映出的人格特质差异非常大，不要以为男人用白色手机就是找刺激，那会导致我们对他人的判断出现重大偏差。

换言之，痕迹是我们进行观察，切入交流的细节点，而不是结论点。比如，从心理学的角度来讲，当一个人在公众面前讲话时，如果他的手部动作经常超过颈部，在面部附近和周边活动，通常是他内心紧张和不安的一种下意识反映。但有的时候，一个公众面前的表达者，时不时摸一下脸，也有可能是因为他的脸颊刚刚抢了蚊子的"红包"。

可以说，生活中的痕迹无处不在，关键是我们是不是一个有心人，能不能观察到。而观察之后，是不是能通过有效的交流和严谨的逻辑推理得出结论。

一言以蔽之，痕迹还是那样的痕迹，原因却未必是同样的原因。

☆ 开个茅塞

《手机》这部电影上映很多年了，但不得不说，编剧是有着非常敏锐的观察力的。手机作为一种沟通渠道，会在各方面留下很多痕迹，从沟通的对象、沟通的记录、接电话的表达方式和措辞，等等，都会暴露出使用者的秘密。

现在智能手机越来越发达，功能也越来越多，记录下使用者的特征也越来越多。通过对手机中痕迹的分析，可以对手机拥有者有着极其准确的判断。

所以，请保护好你的手机。

第三节　从头到脚，由里及外看痕迹

隔壁老王说段子

这几年讲"痕迹识人"这门课的时候，中间经常会安排一个环节，让学员之间彼此寻找痕迹，寻找之后进行分享。但我发现大多数学员都会对很多痕迹视而不见。通常，我可以在学员分享他们找到的痕迹之后，继续挖掘出多个痕迹。

别说我太有心机了，你也可以！

微微盘道

之所以会产生这样的差别，原因在于观察对方痕迹的时候，是否有着系统和完整的思路，知道从哪些地方着眼观察。痕迹类别有很多，在进行观察时，按照什么样的思路来观察，才能尽可能确保自己观察到所有痕迹呢？

我们想想，在日常生活中，我们对人的观察是如何做的：

对面走来一个人，首先映入你眼帘的，是他的穿着打扮。对穿着打扮的观察，我们又是从头看到脚；然后你看到的是他向你走来时的身体姿态，也就是他的行为举止。等到对方走到你的面前，开始跟你说话时，你首先听到的是他的表述方式，其次是理解对方所讲的内容。

上述观察的过程，运用的是我这些年经常使用的思考框架：流程性思考。关于这种思考方法，以后在其他书中将专门介绍，本处不再展开。按照这个思路，就可以相对完整地把一个人的各种痕迹挖掘出来。

当然，除了前面分析的以外，还有一个人的自然属性，例如他的姓名、年龄等，这些属性也是对他人进行痕迹观察和逻辑分析的重要痕迹点。

根据上述分析的结果，我们在人际交往中，可以从以下三个方面对对方进行判断：

- 个人属性痕迹——包括姓名、年龄、受教育程度，等等，是一个人过去经历的重要痕迹呈现，在招聘中通常会体现在简历中。
- 外在痕迹——这是判断对方性格特质和价值观的最直观的方面，通常又可以分为以下三类：
- 穿着打扮
- 行为举止
- 表述方式（语言、措辞、音量）
- 内在痕迹——这是痕迹判断中最重要的部分，指一个人的言谈内容，可以有效判断对方看待事物的标准、价值观，并通过交流来验证对方所表述内容的真假。

接下来，我们将对这些痕迹逐一分析。

需要强调的是，后面的分析，大多数只是指明了痕迹本身，并没有对这些痕迹背后可能会意味着什么全部展开进行分析。原因就是前面说的，造成痕迹的原因太多，无法穷尽。而不同的原因所对应的人的情况或特征差别巨大，不做深入的了解，是不可以随意下结论的。

后面的内容无论是举例也好，分析也好，都是在各种痕迹后，无数可能性中选取出相对概率较高的内容进行的分析，切不可绝对化。

第六章
CHAPTER 6

外在痕迹多，读懂很欢乐

第一节　个人属性中的痕迹解读

○ 微言无忌

我曾经有个学生，大四找工作时，拿着简历让我给提提意见。我发现她的手机号尾号是吉祥号，而且还不是北京的。这意味着，她的同学和老师给她打电话，都是打长途。她在北京使用，也是漫游。一问，她父亲是某运营商在当地公司的总经理。

这事仔细琢磨琢磨，其实还是能琢磨点东西出来的。

☆ 老王解事

个人属性，往往是我们在观察中容易忽视的细节，但是却能反映出不少被观察对象特点的痕迹。常见的个人属性的痕迹，可以从以下几类进行观察：

姓名

有孩子的人一定有体会，作为父母或家人在给孩子起名的时候，基本上是有一定寓意在里面的，而不仅仅是一个符号。而对孩子的预期，其实体现的是父母或家人的价值观。因此，从一个人的名字中，是有可能观察到其父母或者家人对孩子在价值观上的影响的。

1. 名字中出现生僻字或少见字

越是重名率低的名字，或在名字中出现了罕见字的情况，就越值得交流一下起名背后的寓意。因为这意味着父母在给孩子起名时，通常会花费更多的时间和精力，寻找更能表达自身价值观的汉字。

2. 名字带有时代痕迹

同时，姓名还能体现出时代的痕迹。就像本书作者之一的名字一样，相信很容易让人想起一个著名的人物。很显然，我应该是和他同时代的人。至于建军、建国、建党、卫东、卫红之类的名字，出现在 20 世纪 50 年代到 70 年代早期，是很常见的，但在"85 后""90 后"身上，出现的频率就会大大降低了。

我观察过，"90 后"出生的人，在姓名中，"子"这个字出现的频率要比之前年代的人高得多。"子"在"60 后""70 后"心目中，是与有学问的形象相连的，父母给孩子取名时使用了这个字，其用意大约也能猜出一二。

3. 名字中出现叠字

与此类似的是，在"80 后"的人中，名字使用叠字的人数量也明显增加，这跟那个年代流行叠字的名字也有关系。有兴趣的朋友可以看看自己单位里，是不是有这种情况。我们很多人的小名叠字的比较多，父母用叠字来称呼自己的孩子，体现的是对孩子的爱。当这种爱呈现在大名中，父母对孩子的教育方式，就值得多探究了。不是一定会出现对孩子的溺爱，而是出现的概率可能会相对更高。

手机号 / 联系方式

1. 手机号

手机号也是一个人很有意思的痕迹，特别是尾号是"6666""8888"之类的。对于三四十岁的成功人士来说，使用这种手机号，不算太奇怪，关键是了解对方选择这种号是出于什么样的考虑,例如面子,或是显示地位,或是某种纪念意义,等等。当然,如果是很成功的人士,手机号完全看不出任何规律,也是有意思的痕迹。

我有个朋友,自己创业做了企业,做得很不错,在细分领域也做到了国内第一。他的手机号就没有任何规律,完全是营业厅取号机上随机出的那种。手机号是一个人外在的形象呈现点,作为一个成功人士,在这种细节上的毫不在意,其实就是他的性格体现。在公司经营中,这哥们是属于对实质的在意程度远远高于形式的管理风格。

对于 20 出头的年轻人来说,如果尾号是吉祥号,往往说明了家庭条件的优越,"官二代"或"富二代"的可能性会很高。

2. 邮箱和 QQ 号

除了手机之外,邮箱、QQ 号等,也是可以发现痕迹的地方。邮箱起名,通常是一个人在放松状态下起的,因此,它可以反映出邮箱主人在当时的某些心理状态。

看邮箱的时候,把握一个原则:怪异的邮箱背后一定有"故事"。所谓正常的邮箱,就是中文名、英文名、名字缩写、生日、手机号,等等,这些都没有什么特殊的痕迹。这里所说的"故事"不见得是多大的事,但通常是可以较为准确地呈现邮箱所有者的某些特点的。

QQ 号看似是系统自动生成,但由于使用 QQ 号是按顺序发的,因此,从一个人所拥有的 QQ 号的位数,可以对其网龄有一定判断。如果一位 20 出头的年轻人,手里的 QQ 号居然是 6 位的,就非常值得了解了。因为有 6 位 QQ 号的年代,他还在幼儿园呢,不应该是自己申请的。但到底是买的,还是父亲送的,代表的个人特质将有很大差异。

3. 各种通信工具的签名和昵称

除此之外,各种即时通信工具或社交工具中的签名和昵称,例如微信、飞信、QQ、微博以及各种网名等,和邮箱起名一样,也能很好地折射出一个人的心理状态和性格特点。而且签名的修改，往往代表了这个人当时的状态是有所变化的，并且这种变化还相对不小。用句文雅的话来表达：某些事情在他/她的内心激起了一片片的波澜。同理，一个人在微信上所发布的内容，也可以成为我们对人进行了解的重要痕迹来源。

那么请想想自己起的网名，有没有发现这个名字和你身上的某些特质是有相关性的。

个人经历（教育背景、工作经历、所获奖励、兴趣与特长、资质与证书）

上述内容是可以直观呈现出一个人的经历、特质的痕迹点。但这些内容相对比较私密，在公开场合很难获取，比较容易出现的是在招聘环节上，通过看候选人的简历来观察到。在日常交往中，更多是要通过询问来获得。此处不再展开分析。

不过，一个人受过的训练，也会在他处理问题的风格上有所呈现。比较典型的，学文科和学理工科的人，在处理问题时，从概率的角度来说，前者会偏感性思维多些，后者偏理性思维多些。

家庭特征

与个人经历相似，这部分内容对于判断一个人也是非常重要的，所以我们会发现，为什么很多老同志在和年轻人聊天时，喜欢聊聊家庭的情况，除了表示关心，拉近距离之外，这部分信息对于判断他人也是有很大帮助的。当然，因为这部分痕迹并不能直接观察到，所以，在沟通中，如果没有一定信任，很难了解，至少了解到的信息通常不完整。

正如前文所述，每个人成长的家庭环境对他的影响是持续一生的，所以，在婚恋、寻找合作伙伴等事关重大的情况下，还是需要了解的。

第二节　穿着打扮中的痕迹解读

○ 微言无忌

十几年前,我父亲有个朋友,喜欢穿一件紫色西装,他个头不矮,穿着那套西装非常帅气。有一次我坐他的车,经过一条小道时,看见一个农民工,手提蛇皮袋,脚踏破胶鞋,头发蓬乱,也穿着同款同色的西装,除了脏点,其他的看不出明显区别。我非常兴奋地喊了一声:叔叔,你看!

从此,我就再没见过他穿那身衣服。后来每当我看到有人穿紫色西装时,都在心里默念:叔叔,对不起。

☆ 老王解事

一个人的穿着打扮,是很重要的痕迹。因为穿着打扮,是一个人审美观和性格特点的反映。而审美观的背后,是一个人的价值观的体现。

穿着与大多数人不一样时,反映出的是个人内心所追求的个性差异。这是穿着中体现的最重要的地方。但当下审美观和审美取向的多元化,使得这个部分的观察开始变得困难。不过,虽然困难,但依然有据可循。

每个人的审美观的形成,无论是从众还是个性,都不是孤立的,一定会受到外部世界和人群的影响。作为大多数的普通人(非时尚潮流的引领者),我们每个人的穿着打扮,其实体现的是我们所认同的典型人物的着装风格在自己身上的体现。

所有人,无论男女老少,在打扮的时候,内心是有着潜在的对标对象的。请注意未必是一个对标对象,可能是多个对标对象的组合。而这类对象所呈现出的外在特质,就是我们认同并且希望自己也呈现出来的特征。

比如说你特别烦的一个明星或一个人物,你会按照他的方式去打扮自己吗？一定不会，甚至有一天当你无意中发现，你的穿着风格跟他很相似的时候，你都可能会有意识地去避开。

我们理解了穿着打扮背后的心理特征，就使得通过着装对他人进行观察变得可能。当我们观察一个人的穿着打扮的时候，其实可以通过总结这个社会上有影响力的人物的着装方式来判断被观察者的性格特征。因为当我们认同一个人的穿着时，其实背后往往代表的是我们认同这个人所呈现出来的外在形象和外在特征。

这点在咱们国家的政府官员中体现得非常突出。以前的国家领导人，在非正式场合中，以穿夹克衫居多，所以我们可以清晰地观察到，我国政府官员的着装中，在非正式场合里，夹克衫也是最常见的着装选择。

从观察者的角度来说，在观察外表打扮的痕迹时，建立的评价基准，可以从观察整个社会中，最有影响力的那部分人群的穿着装扮的特征来获得。因此，平时多观察各类名人的着装和行为特点，对于我们据此判断一般人，会有着很好的参考作用。

在穿着打扮的痕迹分析上，我们继续沿用流程性思考的思路，按照"从头到脚"的方式，逐一进行梳理。

帽子

隔壁老王说段子

有一个夏天，我去拜访一位企业老板，进了办公室之后看他戴了一顶帽子。因为是第一次见面，没好意思问。

后来非常熟了，再去他办公室发现他还是在屋里戴着帽子。年轻的我竟然就忍不住问为什么在办公室还戴帽子，多热啊！

他听了，把帽子摘下来——光头。我说好酷啊！其实这句话想表达的是，光头挺好的，干吗要老是戴着帽子。

结果他跟我说，前几年有一段时间他头痛得厉害，看了很多次医生也没看出啥问题。后来就找到一个老中医。老中医看了半天，问了他的生活习惯之后说没事。

他以前的生活习惯，是早上出门前洗个澡，然后头发没干就出去了，结果湿气太重，受寒了，所以引起了头痛。老中医跟他说以后别早上洗澡了，太匆忙来不及把头发吹干，你晚上洗，干了以后再上床睡觉，过一段时间就没事了。

我想我们大多数人，听了大夫的建议后，就会改掉这个习惯，因为早上洗还是晚上洗，也不是什么原则性的问题。结果他挺有意思，他回去想了想，没改自己洗澡的习惯，而是把头发都剃了，他说剃完以后用毛巾一擦不就干了吗，这下应该就没问题了。然后出门再戴上帽子。时间长了，成习惯了，帽子就一直戴着，有时候进屋也忘了摘。

仔细去琢磨帽子故事背后的意义，会发觉这是一个不容易被说服的人。

○ 微微盘道

从这个故事中，其实已经体现出这位朋友身上很有意思的特点了。

第一，他不是一个会很容易接受他人意见的人，但也不是一个完全不接受的人，是否接受，取决于他的痛苦指数。即使痛苦程度较高，在听别人意见的时候，他也会按照自己的想法来做取舍。

第二，他是一个做事比较能下狠手的人。剃秃瓢这事，很多人是下不了决心的，但他是说剃就剃了。

第三，和前面第二条也有相关性，也就是这哥们是一个对自己的外在容貌不是特在意的人。往往越不在意，下手也就越容易。

如果这样的人是我们的同事或者领导，我们会发现在相处过程中，他是一个很难被说服的人，要让他接受你的观点，除非这件事给他带来的痛苦指数很高，可尽管如此，他都不一定会全部接受你的建议。

所以，与这样的人相处，最好的模式是让失败或挫折来影响他，让他自己去悟。在开始交流时，你给自己的定位就应该是：我会把我的想法说出来，但能不能采信，你自己决定。这样的沟通方式，才会让双方都感觉到比较舒服。同时，对于他不是很在意的事，他处理起来的决断性还是很高的，甚至会高过你的预期。因此，如果你希望对方能快速做出决断，就要判断这件事在他内心的在意程度。越在意，他的做法就越可能超过你的想象。

这就是帽子背后体现出来的人的特质。

帽子通常可以从用途、形状和质地三个方面进行区分。因为不是大多数人都戴帽子，而且帽子很明显能被看到，所以戴帽子的行为是重要的痕迹点。明显的痕迹体现在：

1. 戴帽子的场合

不该戴帽子的场合中出现了戴帽子的情况，例如室内（军人或工作制服除外）；或是场合和戴帽者的整体风格不协调，或是不需要戴帽子的季节戴了厚帽。

2. 戴帽子的原因

通常出于美观、遮挡（包括保暖）和个性标志三种原因。其中前者是体现了一个人的审美观，后面两者是重要痕迹。

如果是出于遮挡（非正常情况下），了解为什么产生这种需求，有可能挖掘出过去的某些行为和事件。例如很多明星，出来逛街的时候会戴着帽子来遮挡，夏天出门，很多人也会戴着帽子来防晒。严格意义上说，这都属于正常的行为痕迹，特征也有，但不是太明显。

如果是出于个性标志，往往能体现出一个人的性格特点。比较典型的像歌手刀郎，在各种场合我们看见的是他戴着帽子，很少能看见他的脸。

这样的做法，通常的原因一是塑造自身的个性特征形象，让受众更容易记住他，二是对自身的长相可能不是太自信或觉得不美观——比如头发太少。当然，到底是哪种情况，没有交流是无法做出判断的。

3. 从帽子上观察痕迹的总体要点

与时间、地点、身份和整体着装的协调性。例如，英国绅士戴着西部牛仔帽，如果是在化妆晚会或表演中，并不具有明显的痕迹特征。但如果是在日常生活中，则属于明显痕迹。

头发

头发方面的痕迹特点有几方面：

1. 发型及颜色：痕迹体现在是否与身份相符

过于另类的发型与颜色往往反映出一个人的性格特质，与价值观是有很大关系的。这就是为什么把头发搞成"杀马特"那样的人，绝大多数都是"90后"，这跟他们成长的年代，中国社会的价值观出现了极度多元化有很大关系。

在长发女性中，如果是大波浪的卷发，采取的是侧分方式，并且个头不太高，这样的女性往往对自己的容貌和气质有着高度的自信，而且通常长得也不会难看。因为长发大波浪对于高挑女孩来说，是协调的，但对于个头不高的姑娘来讲，对身材的比例就有着很高的挑战。长发侧分，给人的感觉会更加妩媚，因此，这种发型搭配，是对女性魅力的充分展示，没有足够自信的、不够高挑的女性，往往不太敢做出这样的选择。

在长发还是短发的选择上，从女性角度来说，也有一个很明显的大概率事件。如果一位女性，不是因为生孩子或生病的原因，在正常状态下，把长发剪成了短发，这位女性应该是对目前的生活和工作状态感觉到一定程度的乏味和厌倦，希望做出一些改变。强调一下，不是她们对现实生活不满，而是对现在的状态感觉有些枯燥，缺少激情。而改变，"从头开始"。

这个结论是我问了上百位女性之后得出的大概率结论，在实践中有着很重要的应用。例如，作为管理者，发现你的女性下属剪了短发，如果不是遇到了什么重大挫折，表明她很有可能进入了职业倦怠期，而在这个时期的职场人士，被外界机会吸引而选择换工作的概率通常会比其他状态下高。作为男性，发现你的女友或妻子剪了短发，表明她对现在的生活状态感到过于平淡，此时背着她偷偷安排一次旅行，或者安排一个在正常生活节奏之外的活动，会给她非常好的正面刺激。

2. 脱发：过早脱发，除遗传因素外，还通常与近期所受压力、疲劳程度有直接关系

就一般人来说，50岁之后出现脱发是很正常的生理现象，但如果20多岁就开始掉头发，绝对是和当前的生活状态有关的。脱发越厉害的时期，通常表明这个时间段内承受的各种压力越大。如果我们能通过交流了解到对方所承受的压力，对于判断对方的压力承受能力和工作、生活状况会有着明显的帮助。当然，如果是疾病带来的，会有助于我们了解对方其他方面的经历。

那么，如何通过对脱发的了解来判断一个人的压力承受能力呢？我们来看下面的对话：

甲：哟，哥们，您这头发好像掉得挺厉害啊。

乙：可不是咋地！唉，老了。

甲：您今年高寿啊？

乙：都快40了。

甲：是挺老的了……不过，好像不应该掉那么厉害吧？啥时开始掉的？

乙：大概35岁那会吧，脱发特明显，经常发现枕头上一堆头发。

甲：那会咋了？太累？

乙：嗯，事多，闹心。

甲：也是，人到中年，上有老下有小，是不容易。主要还是孩子吧？

乙：也不光是孩子。那会小孩上小学二年级，虽然是市重点，不过成绩不行，班里总是进不了前几名；自己那会工作事也多，每天都得加班，基本上到家都7点了；老人身体一般，虽然不用我们照顾，但也没法帮我们接送孩子；爱人当时在一个500强企业做高级经理，那会也遇到职业天花板了，回家也总是跟我磨磨唧唧的。烦！

甲：嗯，呵呵。

假如上述对话发生在北京或上海这样的城市，乙的压力承受能力已经很明显地体现出来了。相信我们大多数人听到他的表述之后，脑海中可能想起的都是这句话：天空飘来五个字，"那都不是事儿"……

需要补充一点，因为人的差异，有些朋友对于谈论自己头发少之类的问题，会有很强的防护心理，按照上面的方式去交流，有可能让对方不爽，这就需要更加有效的沟通技巧。比如，从谈自己也脱发开始入手，这就不会让对方产生受到讥笑或歧视的错觉，而变成了两个同病相怜的病友之间的用药体验分享。

3. 白发：出现白发的年龄通常在40岁之后

过早出现，与脱发会有类似之处。这也是农民工兄弟姐妹，与同龄人相比，他们往往白发会更多的原因。

此外，女性在生育后，也容易出现明显的白发增加（特别是长发女性）。如果没有出现，可能与其在家庭中承担的家务强度相对较低有关，会反映出其家庭的和睦程度与经济状况。

一般而言，在怀孕和哺乳期前后都留长发，并且没有出现明显脱发和白发痕迹的女性，往往表明其休息状况较好，生活规律性不错。因为女性在生育之后的一段时间内，通常睡眠状况很糟，出现白发是大概率事件。如果很少出现白发，这一定是跟其家庭状况高度相关的。这个痕迹不容易被误判的重要原因，是这个阶段的女性，从孩子的角度出发，基本不会染发。

这种判断在实践中的应用也很有意思。比如，现在有很多公司在招聘时，喜欢找那些已婚已育的女性。但如果你提供的工作机会相对比较辛苦，收入也不是很高，可以推理一下对这样的女性是否会有吸引力。

不过，由于每个人性格特点的差异，不是所有人都会把自己内心的苦恼在外人面前呈现出来。所以，当你发现你身边的朋友近期白发明显增多时，哪怕他看起来依然很乐观，无论对方是否流露出了对你的需求，请多给他些关爱，也许一句看似不经意的关心，会让对方在内心感动很久。

4. 染发和假发：本身属于痕迹遮盖的方式，有可能是行为者对外在容貌在意程度的表现

这个行为背后，也会反映出一个人的价值观和自我角色定位。而颜色的选择，也是很有意思的痕迹。放眼身边，染发的女性已经非常普遍，但所选择的颜色，基本还是偏棕色或相近颜色的居多。

我相信，对这些女性来说，如果在染发时，发型师给她们推荐一款蓝色的头发时，她们恐怕也不会接受。为什么？因为这不符合她们的审美，不符合她们的价值观，她们会觉得与在他人心目中的形象定位是不一致的。颜色的选择其实可以看得出这个人与大众主流审美的偏离，请注意，这样的偏离没有对错，属于价值观的差异问题。

5. 发饰

在女性的头发装饰中，发卡、皮筋等装饰物，以及发型，都是比男性更明显的痕迹体现。仔细观察就可以发现，一般随手戴着皮筋的长发女性，往往都是有不少活要干的，不管是工作中还是家庭里。因为当她们需要开始工作时，只要用皮筋一箍，长发就不会影响工作。而盘发髻的女性，通常来讲，职场女性偏多，因为发髻会给人干练利索的感觉。当然，

女性的发型选择和脸型、着装也有着很大关系，不能绝对下结论。

女性从发型到装饰品的选择上，样式种类非常多，难以穷尽。从判断的角度来说，是需要通过和对方沟通为什么选择了这种款式和样式的原因，才能推理出对方的特点的。

面色与化妆

隔壁老王说段子

我认识一位公司的总经理，有次组织员工一起活动，员工带着家属参加。一个比他大五六岁的员工的儿子，见了他，直接管他叫爷爷，给这哥们郁闷得一塌糊涂，那会他还不到40岁。

这位总经理跟我吐槽时说，他20多岁的时候，就有人管他叫爷爷。我只能以"呵呵"敷衍他了。可以猜出他从小的家庭条件应该不会太好，家里是农村的，打拼到今天不易，从小是吃了不少苦的。

微微盘道

1. 面色

面色憔悴，往往反映出一个人当下的身体状况和精神状况，也可间接体现一个人对压力的承受尺度。而女性在化妆品方面的使用，使得可观察到的痕迹大为减少。各种修图软件的广泛普及，也让我们通过照片来观察一个人，特别是女性的脸色和容颜的准确性大大降低。

当然，反过来说，一个人在发自己的正脸的照片时，从来不做修图，也不讲究角度，往往反映出的特征是对自己的外貌不是很在意，或者非常自信。按照这个逻辑去推理，想知道一位女性朋友是什么样的人，你只要观察她是不是对照片的修饰特别在意，就可以得到相对准确的结论。

一般来说，越是在外人面前特别讲究自身形象的人，在熟人面前，真实长相的差异越大。如果你不是很理解这种说法，上网搜搜明星的素颜照就明白了。

面色苍老，如30岁的人看似50，一般来说，都是因为过去的经历中，有过相对艰苦的阶段。例如，仔细观察就会发现，在野战部队服役过的战士，往往看起来年龄会比实际年龄大；而在机关服役的战士，这个特征就相对不明显。

我上大学时，军训带我们的班长看起来很老，像是30多岁，后来一聊，比我们大也就是四五岁的样子。这哥们是工程兵，当兵的时候都是在荒山野岭，条件极差。所以说如果一个人面色比较苍老，基本上都是跟他生活的经历有关系。

贵族家庭出来的孩子，只要别像红楼梦里的贾宝玉那样"喀嚓"一下就完蛋了，是不可能说20岁的年龄，60岁的长相的。不过，这个原则不太适用于对外国人的判断，是因为对长相的看法，存在非常明显的种群差异。

2. 化妆

与面色相关的另外一个重要痕迹是女性的化妆。首先，观察化妆后的面容，与整体搭配是否协调，这会代表一个人的审美与性格偏好；其次，化妆偏艳丽的女性，在性格特质上，更容易有高调与外向的趋势——当然，由于工作需要（如主持人、演员等）的情况除外。

我本人对化妆的了解很少，所以无法就化妆的具体内容做详尽分析。不过，如果大家有兴趣，可以仔细观察和研究身边的女性朋友的化妆手法以及所使用的化妆品的差异，一定会发现很多有价值的信息。

因为女性化妆的普遍性，所以，现在要想了解一位女性的真实容貌，也许除了去温泉和桑拿房，可能是真看不到了，连游泳池都够呛，因为据说很多化妆品是防水的。

香水

　　香水的使用，是很有意思的。香水最早的发明，是为了掩盖体臭，但现在香水已经成为装饰的一部分了。不同的香水，所代表的魅力形象是有差异的。像很多女性所熟知的香奈儿 5 号香水，呈现的是女性的优雅和魅力，而迪奥的毒药香水，呈现的则是女性的狂野与魅惑。《闻香识女人》这部电影，讲述的就是这个道理。因此，对于潜心研究香水的人来说，把各种香水的特色研究透，对于识别女性的心理特征，会有非常好的效果。

　　男性使用香水，和女性在特质上会有所差别。一般而言，你很难看到一个 IT 男会使用香水，不是他们买不起，而是这样的形象不符合他们的自我形象定位。所以，从概率角度来说，一个使用香水的程序员，通常不会是在技术这条路上钻到底的人。喷香水的男人，往往非常在意自己的外显形象。有的时候，我们不要被一个男人外在的东西所迷惑，比如我见过胡子拉碴，外表打扮得很粗犷的男人使用香水（不是为了遮盖体味）。看起来他不修边幅，其实，这种不修边幅正是他精心设计的形象。和这种人交往，不可以因为他外表看起来很豪爽，在沟通中就可以不注意沟通技巧，他们通常是很介意自己的公众形象的。

眼镜与眼神

○○○微言无忌

　　我的一个女朋友，近视度数较深，但没有戴眼镜，问其不戴的原因，答曰：不好看。再问：戴隐形吗？也不戴。为何？不舒服。那不怕看不清吗？嗯……有这种情况，有不少次领导和同事跟自己打招呼，自己都没看见，在公司里落了个清高、不爱理人的名声。这……

☆ 老王解事

一般而言，长时间戴近视镜的人，摘下眼镜之后，目光看起来是发散的，不清澈。所以如果一个近视度数比较深的人，眼神并不发散，而且还没有佩戴隐形眼镜，就是很有意思的痕迹了。

从上述对话中，可以判断这位女性朋友对自己外表的在意程度是非常高的，在好看与影响视物之间，她依然会选择前者。这类人比较容易出现的行为特征，是非常在意自己的外在形象，他们总希望把最完美的一面呈现出来，宁愿在你面前忍着巨大的伤痛以笑容对你，他也绝不给你倾诉内心的痛苦，所以他们很少会在外人面前表达负面的东西，即使是朋友，甚至是家人。最后产生的结果，就是活得会很累，内心的纠结程度要远远高于他们表面上看起来的那样。这样的人，得抑郁症的可能性要远远高于其他人群。

眼镜中的痕迹主要可以从几个方面来观察，一是前面提到的样式，二是眼镜的颜色，三是眼镜的品牌。

1. 样式

眼镜的样式也是蛮有意思的痕迹，比如说大家有没有观察到，现在有很多的女性戴的墨镜，都是恨不得遮 2/3 脸的那种墨镜。什么样的人会戴这么大的墨镜呢？我们会发现这好像是女明星比较普遍的佩戴方式。这就是前面谈到的，所有人的穿着打扮一定是有对标类型的。

关于眼镜的样式，现在也越来越多，每个人在选择自己喜欢的样式时，其实是由当时的心理状态和性格特点决定的。在交流中，问一下为什么选择这个样式，就会对对方的特点有所判断。当然，有很多眼镜的样式也很普通，这就不称之为明显的痕迹了。

再看看我们身边的男性朋友，有不少人佩戴的是很窄的窄框、方边的黑色眼镜。这个形象让你想起谁了？没错，孙红雷。他是我们老百姓最早看见戴这种眼镜的影星之一,之后就有不少明星也在戴这种样式的眼镜,包括汪峰。因此,当一个人选择了同款眼镜时,表明他对这样的明星形象是有赞许的,而且,这样的男性通常会有比较明显的共性特征:文艺青年。

关于到底什么是文艺青年,其实并没有一个一致的定义,但我们在生活中可以发现,文艺青年会有一些比较明显的共性特点。例如他们不太愿意让自己显得和他人太过相似,但也很少走极端;在生活的品质上,不管是吃穿住行,还是兴趣偏好,会有相对更高且偏个性化的要求。对于小众的东西,往往会有比常人更大的兴趣。

和这类朋友打交道,把握的要点有两个,一是无论在什么场合,都必须给他足够的面子,哪怕他在开自己的玩笑自嘲,你也不要跟着一起调侃。文艺青年比较共性的特质是可以自己开自己玩笑,但不太接受别人开自己的玩笑。也许表面上他不说,但不代表他内心不反感。二是要学会寻找和他共同的话题点。文艺青年内心,是有着获取他人应和的欲望的。如果他感兴趣的东西,你还能和他聊得很嗨,一定能让他找到惺惺相惜的感觉。

我们对他人特质的了解,在工作和生活中有着很大的应用价值。例如,你需要给你的朋友或客户送份礼物,他是个文艺青年,在预算定下来之后,你觉得送什么样的东西会让对方印象深刻?显然不是加油卡或购物卡。送文艺青年的礼物,不在于价格高,实用性更是其次的,重要的是东西本身要看起来独特,应该是他觉得特爽的东西,小众的东西,有特色的东西,甚至包括礼物的包装都要精致,要看起来有"格调"。例如,对方抽烟,你就可以送对方一盒雪茄,以及一套雪茄工具,很精致,其实未必很常用,但这种东西因为符合文艺青年的小偏好,所以反倒让对方更容易留下印象。

2. 颜色

随着社会的变化,每个人对于美的判断标准也在发生不断调整,审美观的多元化也越来越明显，这个趋势在眼镜颜色上的呈现，就是颜色种类也越来越丰富。按照眼镜框颜色的不同，我们大致可以把眼镜分为三类：明骚、闷骚和不骚。这里所说的"骚"，不是骚气，而是英文"show"，就是秀的意思，属于中性表达，不带有任何的好坏判断。

颜色的判断，主要从镜架上来分析。所谓的明骚，是指镜架外框（从镜框到镜腿）的颜色都是鲜艳的颜色，例如红、白、蓝、黄等，选择这类颜色的人，往往有着比他人更明显的自我呈现的兴趣和意愿。在生活中，他们往往会表现得更外向，更愿意露脸。

所谓闷骚，是指镜框外面的颜色是传统的黑、灰或棕色，但镜框内侧的颜色是艳色或亮色，例如红、白。选择这类镜架的人的特质，是有一定的外在呈现意愿，但不是太强烈，不太喜欢用特别张扬的方式去表达出来，在人群中，他们可以接受，或者说在潜意识中有"露脸"的想法，但主动性偏低，往往需要外部力量的推动。

而选择不骚型眼镜的人，则对于自己在人群中凸显出来的意愿很弱，他们更喜欢让自己看起来和大多数人一样，而不是获得很多人的关注。

这个痕迹的应用，其实是很有趣的。比如，很多单位都会办年会或活动，有不少单位每年在办年会或活动时，让哪些同事出来表演，往往是组织者很费脑筋的一件事。似乎愿意出来的，永远都是那几个文艺活动积极分子，而要说服其他同事参加表演，总是非常吃力。而使用我们这里讲到的痕迹规律，其实这件事做起来的成功率就可以有所提高。以后再找人，如果不是特别强调专业水准，而是强调广泛参与的话，可以找那些"闷骚"型的同学。记住，刚开始和他们交流的时候，与"明骚"型基本是一拍即合不一样的是，他们通常会推辞，但这时不要放弃，继续沟通一到两次，换句话说，给他们足够的台阶和理由，他们答应的可能性是很高的。至于"不骚"型的同学，就不一定要在他们身上花时间了。

3. 品牌

至于眼镜的品牌，其实也是有痕迹的。不同的品牌塑造的形象有很大区别。因此，一个人对品牌的选择背后，也是有着明显的心理特征的。

例如香奈儿，强调的是高雅、独立的风格，体现女性自主的精神。对这种品牌的偏好，与女性的自我认知有很直接的关系。对这个品牌有明显偏好的女性，在自我认知的定位上，会非常强调独立，包括精神的独立和物质上的独立。因此，这类女性在人际交往中，可以发现她们往往属于比较"韧"的那种类型，也就是不太容易被他人的观点所左右。不过，她们有这样的特质，不代表现实中她们能做到这一点。

当然，通过品牌对人的特质进行判断，是需要有对品牌的很好了解的。而且，品牌的选择，也跟佩戴者对生活品质的要求有关。除此之外，还可以通过与对方的交流，对对方选择这个品牌的原因进行分析。

开个茅塞

茅塞一根草：什么样的人容易抑郁

茅塞开花：前面说到抑郁症，这些年来，发现身边有少数朋友也得了这种疾病。抑郁症的成因很多，也很复杂，既有遗传因素，也有性格原因，而且表现的症状也有很多种。我们这里只谈一下非遗传因素，容易产生抑郁倾向的人群特征吧。

因为这些年，发现有些朋友出现了明显的抑郁倾向，所以观察和总结了一下，发现他们身上有着比较明显的共性特点：

第一，他们的基础条件通常都不差，比如家庭出身、经济状况、身材长相、受教育程度等；

第二，因为他们的基础往往不错，所以他们给自己定的各种人生目标会很高，因为目标太高，所以很容易产生挫败感；

第三，他们往往比较好面子，因为好面子，所以他们就不愿意把内心的苦恼向身边的人去倾诉，什么事情都憋在心里，没有合理的宣泄渠道，时间长了，就容易出现明显的抑郁倾向。

所以，如果我们希望自己不要抑郁，一是给自己定的各种目标要合理，二是要学会有效排解，特别是向身边信得过的朋友倾诉。其实向身边的人倾诉苦恼，并不见得人家能帮你解决实际问题，更重要的是在这个过程中，能将内心的负面情绪宣泄出来，说白了就是把"垃圾"倒别人那儿了。

正因为这是个"倒垃圾"的过程，所以倾诉负面情绪时，选择的朋友，得是那种内心强大，自我调适能力很强，不容易被他人影响的人。否则你好了，人家该抑郁了。

茅塞两根草：奢侈品的使用者有什么特点？如何针对他们的特点，有效地与他们沟通

茅塞开花

（1）奢侈品使用者的典型特点

既然提到了奢侈品，我们不妨分析一下奢侈品品牌使用者的几种典型特征。根据我的观察，奢侈品使用者有三种：

第一种是真心喜欢。这类人一般有两个明显的特点，一是他们的品牌忠诚度非常高，对他们所喜欢的品牌的知识了解很多；二是他不见得很有钱，但是对品质的要求很高，只要他有钱，一定会买这个牌子的东西。

第二种人是从众。也就是身边与他相似的人，都使用这样的奢侈品品牌。

我有一个好朋友，几年前有一次在他办公室跟他谈事，谈完时已经晚上七点多钟了。我的朋友一边收拾东西，一边说：这一天忙的，连换个手表电池的时间都没有。我随嘴就接了一句，街上那么多店，随便找个地方换不就完了吗？他看着我说：我这表在北京只有一个地方能换电池。

我说你什么表啊？他说你先猜猜，一块电池多少钱。200？不对。那多少？3 000。接着他说了一个著名的奢侈品品牌的名字。然后我就问他，你这表多少钱？他说这表20来万，还是10年以前买的。

说老实话，这的确出乎我的意料。我认识他很长时间了，整体来说，他虽然有钱，但还是一个蛮朴实的人，对外在的物质的东西，不算特别在意。我说你不是这种风格的人啊。他告诉我，10多年前，他在做另外一个行业时，那个行业圈子里的人都戴这种表。他说我不戴觉得不太好意思，也就买了一块，后来不在那个圈子混了，也就很少戴了。

读者可以判断一下，从性格特点来讲，这样的人在人际交往中会很强势吗？结论是：通常不会。他的行为举止背后，其实体现出来的特点，是会在意身边人的感受，他会让自己看起来和身边的人群没有明显的差异。这类人，在交往中，往往不会去制造冲突，遇到冲突的时候，在非原则问题上，也比较容易妥协和让步。

第三种人则是不自信或虚荣。这类人在中国还挺多的。他们选择奢侈品的原因，并不是觉得这个品牌有多适合自己，而是因为在他们看来，上流社会的人，就要用这样的东西。所以，品牌特点是什么不重要，重要的是上流社会的人用什么牌子，我就要用什么牌子。借用电影《大腕》中那句著名的台词：不求最好，但求最贵。因此，他们在选择品牌时，一定是选择大众奢侈品品牌为主，而且越是高调的品牌，价格高、认知度高的品牌，他们越中意。

上述分析的是三种典型的奢侈品品牌购买者的特征，当然可能还有一些非典型的购买者，比如某个品牌对其有特殊的意义等，因为相对概率要低得多，也就不再分析。

与奢侈品的使用相关的，还有一个痕迹，就是被观察者使用的品牌是小众品牌，可能很多人都没有听说过，或者使用的根本就不是品牌，而是非常高端的私人订制，也就是所谓"低调的奢华"。这种行为背后，其实反映出的是这个人对物质生活的品位要求较高，但并不希望过于引人注目。在日常的行为举止中，他们呈现的特点往往是并不张扬，看似与大多数人没有明显差异，但内心中会对自我有较高的评估。在一些年龄较大，经历丰富的明星身上，比较容易看到这样的特点。

（2）在销售中针对不同特点人群的沟通技巧

如果了解了上面的三种分类，从奢侈品销售的角度来说，就很容易找到卖点了。

例如，对第一种人，调动起他的购买意愿，是要从产品本身的特性来介绍，用专业的语言和他交流，让他能感受到这个产品的魅力。但如果你介绍的产品不属于他的偏好的范围内，要说服他，成功率会很低。

对第二种人，则要告诉对方，与他相似的人，用的都是这些东西。这时介绍的重点不在于产品本身，而在于这个产品属于与对方相似的同类人群的标准装备。按照这个思路介绍，你会发现对方接受的可能性将大大增加。

对第三种人，则需要强调，这个产品一般人根本不配用，也根本买不起。只有身份很高的人，比如企业家教父，中国著名的"公知"等，才会用这些东西。按照这个思路去做销售，对此类人群的成功率肯定会有提升。

写到这里，正好听我的朋友说，某著名汽车品牌出了一个新型号的车之后，免费给国内几个非常著名的企业家开，这样，将来他们在做销售的时候，就可以讲道：这车谁谁都在开。这种市场推广技巧，其实运用的就是上面讲到的对第三种人心理状态的分析。

根据上述分析，其实我们还可以对某些产品未来的市场情况做出预测。例如，宝马、奔驰和奥迪这几种车，在国内高端市场上占据了垄断地位。至于低调的品牌沃尔沃，在豪车领域，我并不看好它能占据市场的前列。除非它能成功地让中国在福布斯排行榜中前百名的人，一半以上都开沃尔沃。

同样，不同的产品和品牌都有不同的受众人群，如果在销售中，能很清晰地了解对象的心理特征,就可以使销售的成功率大大提高。毕竟,销售本身,其实就是一个与人打交道的过程。

(3)在管理中针对不同特点人群的沟通技巧

这个原理其实在团队管理中,也是有应用价值的。

对于第一种特质的人,说服他们改变,需要给他们讲明白这么做的理由和意义;而对于从众的人,则需要强调别人都在这么做,按照你的要求去做,让身边的人更好地接受他;对于第三种人,你可能需要告诉他的是,这种做法会凸现他是一个水平很高的人,能显出他和一般人的差异,彰显他在圈子内的地位。

胡子

一般而言,胡子的痕迹特征相对要少一些,一是这方面的痕迹只在男性身上,二是现在绝大多数男性是不留胡子的。但也恰恰因为上述原因,所以如果男性留了胡子,这个痕迹也就更容易被观察。

《康熙字典》中明确描述了各种胡须的名称,比如上唇的胡须叫作"髭"(音 zī),下唇的胡须叫作"粜"(音 tiào),颊旁的胡须叫作"髯"(音 rán),而下巴的胡须则叫"襞"(音 bì)。

蓄须种类的选择,体现的是一个人的审美偏好。而这种偏好,与其观察到的符合其内心审美取向的其他典型人物,应该是相似的。

例如,在中国的古典文学作品中,短髯,也就是俗称的络腮胡子,往往是一个性格豪放与粗犷的人的外表特征之一。说到这,你的头脑中马上浮现出谁的形象了?张飞、李逵、鲁智深。我们会发现,这几个典型人物都有着很相似的性格特征,比如粗犷豪放,很男性化。一个人选择蓄此类胡须,不见得说他现在真的是那么粗犷,但很有可能体现出的是他对自我性格倾向的期许。

这些年，在街头我们时不时可以看见一些男性在下巴上留着短须。我读书少，看电影电视也不多，但这样的形象还是让我忍不住会想到影视作品中一些人物的形象，而这些男性人物形象比较明显的特征就是有个性，男人味还是挺足的。因此，留这种胡须的男性，通常内心的自我角色认知，就是个性加上点文艺气质再加上点男人味。这样的男人，成为"娘炮"的概率很低，但不妨碍他们成为"暖男"。

☆ 开个茅塞

通过前面的分析，再加上本书前半部分关于刺激的理论，想必读者就能理解《武媚娘传奇》被剪成大头娃娃的原因了。影视作品是会对整个社会的大众审美和价值观产生潜移默化的影响的。你是否认同这样做是一回事，但这个做法背后，其实是有合理的心理依据的。

牙齿

牙齿，也可以体现出一个人的过去经历和行为偏好。例如，在20世纪六七十年代出生的人，由于使用过四环素作为抗生素，非常容易出现四环素牙，而此种情况在20世纪80年代后出生的人身上就非常少见了，因为后来这种治疗方式基本被摈弃了。因此，如果发现"80后"甚至"90后"的人还有四环素牙，说明他接触过这个药品，而这个药品又是被控制使用的药品，这背后一定有一些经历，这些经历是可以折射出他当时的成长环境的。

长期大量吸烟的人，通常会积有明显的黄黑色牙垢，但大量吸烟牙齿依然很白者，则通常表明其定期洗牙或在牙齿护理上有着良好习惯，同时，他们对自己的外在形象，还是比较在意的。

正常人的牙齿通常是白色略微偏黄，但如果一个人的牙齿非常白，就像电影明星一样，一般而言，是做过牙齿漂白的。有此种行为的人，一般而言具有对自我的外在形象要求明显偏高的特点。

颈部

大家知道女性的年龄看哪是最准的吗（除了身份证）？女性的年龄，最真实体现的地方是在脖子。

二三十年以前，看眼角的鱼尾纹能判断女性的年龄，但现在已经很困难了，主要原因是很多女性使用比较高档的护肤品进行保养，例如眼霜、精华液之类的，可以明显延缓皱纹的出现。

但对脖子的护理来说，第一，与脸部护理相比，相对更麻烦，而且很多人也不是很在意；第二，同等档次的颈部精华液和眼霜，使用起来，颈部精华液的使用成本要高得多。例如，娇韵诗的颈部精华液，75 毫升，价格在 1 000 元上下；同品牌的眼部精华液，15 毫升装的价格是 700 元左右。看起来，眼部护理的精华液更贵，但如果把两个部位需要涂抹的面积算上去，做颈部护理的成本则要远高于眼部护理。

第三，也是最重要的原因，是眼角的皮肤不承重，而脖子承重，用化妆品来遮盖的难度就大大增加。这就使得颈部痕迹对女性年龄的呈现会很真实。

大多数女性在 23 ～ 25 岁之间，颈部的细纹会开始出现，随着年龄的增长，会越来越明显，这就是女性年龄的痕迹。从另外一个角度来说，女性过了 40 岁，颈部有相对明显的细纹，其实是很正常的。

但如果我们看到一位女性，已经过了 40 岁，颈部的皮肤依然很好很光滑，通常说明她的家庭环境要比一般人优越不少，有很好的经济条件和时间空闲进行保养，不会承担太大的生活压力。一个人的压力大了以后，无论是来自工作还是生活的压力，一定会在她的身上体现出来，比如出现白头发、掉头发、面色憔悴、枯黄、皮肤变老、变粗糙，等等。这些痕迹都是我们将来在与人交流的时候，可以观察到的。

项链

微言无忌

记得讲职业发展规划培训课时,第一排坐着一位男学员,因为是夏天,可以很清楚地看见他的脖子上挂着很大的一尊玉佛。我准备拿他的项链做个例子,就把手伸过去。还没碰到那块玉佛,他马上就把我的手挡开了。

当时我马上意识到他对我去碰那块玉有很强的敌意。我缩回了手,向他表示了歉意,之后我问他:为什么戴这尊佛?对他很重要吗?他告诉了我,这块玉使他病好了的经历。

相信绝大多数人跟我一样,不会认为他拜佛和病好了这两件事之间有任何关系,不过,从此我再也不碰别人身上的有护身符可能的饰品。

老王解事

从这位男学员的经历中我们已经可以得出判断:他病好了的经历,使得他的价值观发生了重大变化,他会对神佛很相信,也很虔诚。正因为虔诚,所以他不愿意别人去触碰这个对他来说具有很强象征意义的神物。

1. 项链本身

首先,男性佩戴项链和女性是有着较大差异的。女性在佩戴项链时,装饰感的要求要明显高于男性。男性比较常见的,往往与信仰(价值观)、身体状况、个性表达或炫耀有关。

多年前,可以看见一些男性会佩戴很粗的金链,这种行为本身,其实可以被视为财富炫耀的方式。一般来说,一个人之所以用这种方式炫富,其实和他在过去成长经历中家庭条件较差,并且因为穷受过他人白眼或歧视有关。在受过良好教育和家庭出身优越的人身上，此类行为出现的概率明显偏低。

这就可以理解，为什么20世纪90年代，国内有不少男性会在脖子上挂一条非常粗的金链子。因为在那个年代之前，国内大多数家庭的经济收入是不高的。而这些年，随着社会整体收入水平的提高，戴着粗金链的男性已经越来越少了，特别是在城市里。

这里我们也可以分析一下炫耀者的心理状态。之所以炫耀，一是因为觉得有这个东西不容易，自己有，别人没有；二是因为用炫耀的方式告诉别人，不要瞧不起我哦，我有。

第一点其实体现出这个人过去经历中的物质生活水平，第二点体现出他因为这种物质的缺乏所导致出心灵受损的心理经历。当然，炫富除了这样的心理状态外，还与整个社会的价值导向有关。如果一个社会是笑贫不笑娼、金钱至上的价值导向，炫富就会成为表现自己是个成功人士的重要方法。这就可以解释为什么现在有不少"90后"成长的过程中其实不缺钱，家庭背景也不算差，但依然会炫富的原因。有兴趣的读者可以用这个原理去看看微博上的那些大V，就知道准不准了。不过，里面有些靠这个方式骗钱骗色的除外。

有些看似项链的物体，其实可能是前几年比较流行的治疗颈椎病的医疗用品。佩戴者往往颈椎不好，这在一些经常保持固定坐姿的职业中出现频率较高，如从事办公室工作的人、司机等。

还有的则是与信仰有关，最典型的就是佩戴佛像、十字架或其他带有宗教色彩的东西。看到这样的项链时，通过交流，是可以得到一些对方过去经历的信息的。

☆ 开个茅塞

20世纪八九十年代，内地流行的脖子上挂个大金链，是从香港传进来的。

据说，男性佩戴很粗的金项链最早源于黑社会，除了炫耀财富之外，还有一个非常重要的实际作用，就是这些人可能随时要跑路，来不及带任何家当，脖子上的粗金项链在跑路后可以换成现金支撑一段时间的生活。后来影视作品，尤其是警匪片多了之后，成了当时一种风尚和个性的表达。

2. 项链上的挂坠

项链上的挂坠也是重要的痕迹，特别是女性。挂坠的选择，表现出的个人特质会相对更明显（对男性也一样）。了解对方对于挂坠选择的原因，有可能观察到其内心世界的一部分。比如骷髅，这实际上是他个性表达的一种方式。

我有一次上课，看见一个女孩的项链上有挺大的一个坠，坠是一颗心，心上面印了几个字母。我问她字母是啥？她说那是她跟她老公的名字的缩写。这个痕迹其实就会体现出这个女孩的特质。显然，她对自己的家庭和婚姻非常地在意，所以会用这种方式表达出来。而这种价值观对于她的行为，一定是有很大影响的。

对于一位在生活中，把家庭和老公放在很高地位的女性来说，假定公司要派她常驻外地工作，和自己的老公分居一年或者两年以上，这样的女性接受这种工作安排的可能性会很低。她可能选择的是宁愿不加薪甚至辞职，也不离开老公。这对于我们预判她的行为是有帮助的。

如果一位已婚女性，挂坠使用的是自己的名字字母或缩写，这种女性通常会很独立，不容易在婚姻中丧失自我。

在观察项链时，如果挂坠比较奇特，和对方交流一下挂坠的选择原因，是了解对方的不错的切入点。

3. 项链的材质

项链中的痕迹也体现在链条的材质方面。项链的材质虽然看起来无外乎金属、塑料和绳子等几种，但金属又分金、银、铂金等，绳子的种类更多，所以在此我们不能给选择不同材质的人直接下结论，重要的是要了解对方选择这种材质的原因。

项链因为花样和种类繁多，所以分析的难度也比较大。如果想要得出相对准确的结论，必须要对对方进行选择的原因做深入细致的分析。

耳环

关于耳环的痕迹分析，男性和女性体现出来的特征是有很大区别的。

1. 耳环类饰品的分类

耳环类的饰品，大致可以分为三类：耳钉（穿耳孔之后为保留耳孔而佩戴的耳棍不算）、耳环和耳坠。三者之间，最明显的区别，其实在于醒目程度。所有人打扮都是给别人看的，所以我们不能讲只有女性，才为悦己者容。

首先，女为悦己者容肯定对，但是女人并不只为悦己者容，同样，男人的打扮也是要考虑自己的外在形象的。装扮上越夸张，或越引人注目，越体现出一个人内心希望他人关注的强烈程度。

所以我们会看见，一些性格相对内敛的女生，所佩戴的往往是耳钉居多；而演艺界的女性，佩戴大耳环的要更多些。这种行为背后呈现出的特质是：她并不在意或者说比较欣赏，或者说比较享受，或者说更愿意，有更多的人去关注自己。

请务必不要用好坏的标准来给这样的女性贴标签，我们了解对方的性格特点，是为了能更好地与对方相处，让对方觉得和你在一起的时候更舒服，而不是用自己的偏好来决定与人的相处方式。

2. 男性佩戴耳环类饰品

对于男性来说，佩戴耳环，除了可能与性取向有关外，更多其实是一个人性格特质的流露，特别是只在右耳佩戴一个耳环或耳钉的男性，其自我独立意识往往要比一般人更强烈（和戴左耳的含义不一样）。这一点，大家通过观察唱摇滚的歌手和佩戴者的年龄就能看出来。"90后"男性戴耳环的，明显要高于前面年代出生的人。

因此，男性戴耳环，很多时候不光不是偏女性化的特点，恰恰可能是更趋向于"有个性男人"的外在表达。

上身衣着

衣着是对一个人进行观察的很好的切入点。但现在这个时代，穿衣风格极其多样化，大家都不愿意"撞衫"，这就意味着我们身边的人的着装很少会有相同的，因此，痕迹的寻找难度就大大增加了。

正如前文所述，一个人选择某种穿着，除了舒服以外，通常是因为觉得"好看"或者"适合"，而在他选择这类穿着时，其实内心里是有着一类或几类对标人物的，只不过很多人自己都没有意识到这一点。

对上身衣着的痕迹观察，可以从以下几个方面着手：

1. 颜色

颜色偏亮色还是暗色，往往代表一个人在和他人交流时，对外展现自身形象的欲望的强烈程度。但男性穿着白色的衬衣时，往往还是属于传统的着装风格，并不代表了强烈的外在展现的欲望。

2. 款式

时尚还是传统，代表的是一个人对自身外在形象所产生的吸引力的预期的高低。款式中，还会有一些共性的特点。例如，偏好点缀有大量蕾丝的女装，其穿着者身上的"小女人"的特点可能比较突出，即使内心有霸气，但她们一般也不愿意外露。

而男性的着装如果非常紧身，例如偏好穿着明显胸围小一号的衬衣以显示自己的胸肌和身材，此类人群通常一是对自己的体型比较自信，二是对自己的外在形象的吸引力很在意。此类人，以文艺青年和小资青年居多。

3. 厚薄

就观感而言，穿着越单薄，越容易产生美感和吸引力。因此，在寒冬中穿着单薄的人，对于自身形象通常会有着较高的要求。同时，就经济状况而言，一般也不会太差，因为他们可能很少直接暴露在室外，出行通常会有车。当然，还有三种可能，一是工作和生活所在的环境温度明显较高，厚衣服穿不住；二是身体状况非常好，的确不冷；三是宁可冻着也不想显得臃肿（此类不太苗条的女性居多）。

4. 质地、做工与品牌

这三者之间一般来说关联度很高，越是名牌服饰，质地、做工往往越好。这也在一定程度上可以体现出一个人的经济实力和消费观。但对衣服质地的判断，是需要不少生活经验的。

此外，不同的品牌，所塑造的形象是不一样的，由于服装品牌太多，无法进行总结，有兴趣的朋友不妨去研究一下你希望观察的人所穿着的服装品牌的形象塑造。

5. 领带、领结

与使用的场合高度相关，该戴没戴，或不需戴而戴，都是一个人内在特质、审美偏好的明显痕迹。

上衣着装可以观察的痕迹点很多，但判断起来不容易，我们需要在生活中多观察、多总结，才能慢慢寻找到规律。

例如，女性在工作中着职业套装（非工作服）时，往往这样的女性希望呈现的形象是干练和职业化的，而且职业套装不管颜色和样式有多少差别，下身是裙还是裤子，还是至少可以分为两类：分身和连体的。通常，年龄较大的女性，因为生活阅历和体型的原因，着分身的较多，这种款式给人的感觉会更加成熟。而连体的职业装，给人的感觉会更加妩媚些。

当然，上述所说的只是一般性分析，每个人在选择衣服的时候，与其购买时、穿着时的心理状态也有很大关系，所以，还是那句多次重复的话：千万不要以自己的标准替代了他人的标准。痕迹只是我们进行观察和交流的切入点，不代表结论。

腰带

腰带是一个人身上对他人的目光会产生吸引力的重要部位。

一般来说，男性的腰带款式和颜色要偏保守，中规中矩些，而女性的腰带则花样繁多。款式越夸张，往往代表自我呈现的欲望越强。因此，我们可以观察到，文艺节目的女主持人，其所系的腰带，普遍要比新闻节目的女主持人所系的腰带更显眼。

同时，与上衣类似，腰带会体现出一个人的经济实力和消费观。前一段时间在网上流传的某集团老板的腰带，就是一个很有意思的例子。

手表、手镯及其他手部饰物

手部饰物，是暴露一个人审美倾向的典型部分，虽然看起来不是很明显，但对体现一个人的性格特点或某些特性其实还是很有帮助的，我们分别来看一下。

1. 手表

说到手表，"表哥"就是因为这个痕迹被拿下的。手表因为价值差别巨大，所以是体现一个人的经济实力和消费偏好的明显痕迹。此外，手表还有可能体现出某些人的性格特征，例如右手戴表的女性。

根据我多年的观察，一位女性，如果是1980年以前出生的，右手戴表，左手没有佩戴任何饰物，同时还不是左撇子，这样的女性十个里有九个半是个性超强的。原因何在？

戴表除了计时功能以外，还有一个重要的功能是装饰，或者叫审美。

一个人的审美观背后,其实是其价值观的体现。就好比文身,男性留长发等,大多数人可以做,但不会这么做的原因,在于我们大多数人觉得这样的打扮并不好看。

为什么要强调1980年前,是因为20世纪六七十年代以及之前出生的人,在成长的过程中,社会的主流审美观是左手戴表为美。这个年代的人,选择右手戴表,意味着与他人的不一样,这种不一样我们称之为:个性。对于右撇子来说,手表戴右手,对用手还是有些影响的。

为什么这个结论对20世纪80年代以后出生的人的准确率就开始下降?是因为在这代人成长的时期,中国社会的价值观发生了巨大的变化,很多传统的价值导向被打破,价值观变得越来越多元化,导致审美偏好也出现了明显的多元化。

之所以强调女性在这个痕迹上的结论,是因为男性在这方面的特质不如女性明显。不管我们怎么看,现实是,目前社会依然还是男性为主导的社会,男性在社会角色认知中,凸显自己社会地位的欲望通常要比女性来得更强烈些。手表对于部分男性来说,是身份的标志之一,表戴右手,是男性彰显自身与他人差异的一种外显表达,虽然在一定程度上也可以反映出戴表者的个性,但因为和男性人群常见特质相比,偏差不像右手戴表的女性那么明显,所以这个痕迹可以得到的判断的准确性就会降低。

2. 佛珠或手串

佩戴佛珠之类的物品,会在一定程度上折射出其内心价值观和消费偏好。需要说明的是,即使戴佛珠,并不代表会信佛,关键要看佩戴者选择这种饰物的原因。

这几年,开始流行戴手串,很多人选择手串的原因,并不是因为信佛。但每个人的具体原因不一样,需要交流之后才能进行判断。不过,佩戴手串的,通常不会是一个对佛教文化或者传统文化有抵触的人。

3. 戒指

戒指的佩戴，能部分反映出一个人的家庭情况和性格。戒指戴在不同手指上，代表的含义是有区别的。当然，现在也有不少人，戴戒指时并不会遵从上面说的规则，而是完全按照自己的喜好来佩戴。这样的人，也有一定的痕迹特征，就是对他人的想法的在意程度会相对偏低。

总之，对于戴戒指的人，和他聊聊选择这款戒指的原因，是可以发现对方性格中的特点的。

下身着装

1. 男性的下身着装

在下身着装上，男性的变化很少，一般也就是长裤、短裤两种选择。颜色也通常以偏深色为主，因此，在这个部分，男性的痕迹特点不太容易被观察到。除了前述的质地外，比较容易体现痕迹的，一是颜色，二是款式。颜色越淡，例如白色，越容易说明其平时工作和生活的环境都不错，较为干净，所以可以穿浅色的裤子。如男士着紧身裤（非牛仔裤），其特质与着紧身衬衣是相似的。

在夏天，从下身着装上，是比较容易看出IT男和销售人员的区别的。从事IT技术的很多男性都是大裤衩（因为在北京的大部分互联网公司，对员工着装的要求不是很严格），拖鞋或凉鞋，头发缺少打理，常常背着双肩背上下班，而且双肩背书包通常不是名牌，上身穿的也是质地很一般的T恤。做销售的人则一般是皮鞋、长裤，穿衬衣，或是明显能看出对质地和颜色有所选择的T恤。这是这两类人特别典型的着装上的差异。

这个规律其实对于我们判断一个人是蛮有帮助的。之所以会出现上面的差异，是因为从事IT工作的人的特质，是对事情的关注要超越对人的关注，因此，他们在着装上，往往是自己觉得舒服即可，并不是太在意别人对自己外在形象的看法。而做销售工作的人，需要有比较高的人际敏感性，关注他人的感受与想法，这种特质决定了他们在与人打交道时，是会考虑自己着装在他人心目中的形象是否符合自己的定位的。

所以，如果我们发现一位 IT 男，在穿着打扮上明显有着精心搭配的痕迹，就需要关注对方未来的职业定位是准备从事技术工作还是从事管理工作；反之，如果发现一个销售人员在穿着上非常邋遢，不修边幅，则需要关注在他身上，是否存在着人际敏感性低，对他人的感受变化关注太少的问题，这些问题会严重影响他成为一名好销售。

2. 女性的下身着装

女性下半身着装的选择则明显多样化，有裙、裤、裙裤等多种选择。因其多样化，痕迹特点就不明显。但一般而言，与上装穿收腰的服装类似，敢于穿短裙或短裤的女性，通常对于自己的身材比较自信。如果身材一般，依然采用此着装，可能的原因或是因为审美观本身和别人不太一样，或是因为内心非常强大，以自己认为美丽即可，并不在乎他人的看法。

手机

隔壁老王说段子

有一次上课，我遇到一位大姐，大概 50 多岁，穿着非常朴素和普通，用的手机是黑色的小米手机。小米手机的目标客户人群主要是 20 多岁到 40 岁以内，男性（特别是工科男）居多，按道理一位 50 多岁的中年女性显然不应该用这样的手机。我问她为什么用这个牌子的手机。如果她说是儿子给她买的，或者说是儿子淘汰下来给她的，这样的解释倒是合理的。因为这个年龄的人在消费习惯上通常比较节约，一般只要有手机，还能用，就不会买新的，对性能和样式、品牌等，基本都不在意。结果她说是她老公给买的。这就很有意思。

50 多岁的女性，按照常见情况的概率，她老公应该也是 50 多岁。一个50多岁的男性也不是小米手机的典型用户,而他竟然会给自己的妻子买一款小米手机。这说明他一定有着与同年龄段的男性不太一样的特点。大姐跟我说,她老公是一个很潮的人,对于新的事物有着非常浓厚的兴趣。这样的家庭培养出来的孩子,一定会有着跟别的家庭不一样的特点。

微微盘道

手机也是目前可以对人进行观察的重要痕迹点之一。手机价格的高低,会与一个人的经济能力和消费观相关。

手机的外表和装饰,如果与其身份不符,也是可以挖掘的痕迹。例如一位成熟的职场男性,选择白色或红色手机,会是一件很有意思的事情(虽然很多品牌的手机都有黑白两种颜色,但仔细观察会发现,成熟的职场男性选择白色的明显偏少)。

在手机上贴了很多装饰用品的,通常会是年轻女性的做法。而装饰品的选择本身,其实也代表了一个人内心的价值观和心理状态。

此外,一款手机用多长时间,换手机的原因等,都是值得我们进行观察的痕迹。

鞋

鞋是体现男性经济能力和消费偏好的重要痕迹之一。但由于男鞋的样式相对有限,差异也不算太明显,因此在判断时痕迹特征不是太突出,更多是从颜色、样式与服装的搭配上来观察,因为这可以体现出一个人的职业化程度和性格特点。例如,现在有不少男士的休闲鞋颜色也会采用非常鲜亮的色彩,如红色、黄色等,这样的选择与性格特征显然是有对应的。

在职场中,深色鞋是常规穿法,如果穿着浅色鞋配深色服装,可能是着装的风格上比较另类,或对于着装的搭配没有感觉。与传统的搭配方式差异过大,是值得观察的。例如,西装配球鞋,在演艺界讲究搭配"特色"的风气下，也许是可以接受的。但在职场中，这样的风格更多的是彰显其另类，或的确不太清楚商务礼仪（在大学生中出现的概率相对高些）。

女鞋花样繁多，难以归类，同时，很多女鞋因为样式别致、简单，虽然价格不菲，但仅从外观上，并不容易判断出其价格。在这个方面的痕迹观察，更多还是从整体搭配的协调性来看会更准确一些。

此外，对于年轻的职业女性，如果所穿的鞋过于"卡哇伊"（日语"可爱"发音），例如偏卡通或是毛茸茸的，比较可能会反映出她内心世界较为单纯，或是希望保持较为单纯的生活状态。

包

微言无忌

几年前有一个新闻报道说，英国的科学家研究发现，英国的女性，平均每年有20个小时用于在自己的包里找东西。所以他们发明了一款柔性LED灯，适用于包包内部的照明，以方便找东西。

这些科学家根本不明白，我们宁可花20个小时找东西，也不会愿意花几百块钱去买个这样的灯每天拎着，哼！

老王解事

女性的包也是女性身上很有意思的痕迹之一。不少女性对于买包有着近乎迷恋的嗜好，不是有一句话，叫"包治百病"吗，这也是不少女性对自己喜欢买包的"合理"的解释。

其实，女性对于包包的偏爱，主要原因应该是与其他装饰相比，包包是最能凸显女性身份、偏好和气质的既实用又好搭配的用具，可以称为女性的"第二张脸"。

一个人所使用的包（以及后面谈到的车），会体现出其对生活品质的追求、收入和消费习惯。一个人在包包的选择上，与不同品牌所传递出的消费者定位是有很大关系的。

例如，LV 品牌的使用者在中国的变化就是一个很有意思的例子。早些年，LV 在国内是典型的高大上人士的标配。但随着广大劳动人民生活水平的不断提高以及 A 货和 B 货的蓬勃涌现，对生活有着高品质追求的人，现在就不太容易再把 LV 的经典 logo 包包当成首选了，虽然这个牌子在国外依旧是很高大上的。

对于女性的包，主要痕迹可以从品牌、质地、大小颜色以及包包里东西存放的条理性等方面来进行观察。

很多女性在往包里放东西的时候，是比较乱的，这是大多数女性的常见情况，而且这种情况似乎全世界都差不多，否则也不会有英国科学家的发明了。正因为大多数女性的包里，东西放得比较散乱，所以，如果一位女性的包，里面的物品摆放井井有条，其细致程度通常要比其他女性明显会更高些。

车

隔壁老王说段子

有一次我去一家外地的公司上课，公司负责培训的员工（一个男孩），开着私家车来接我。上车一看，车这个干净啊。而且，干净倒是其次，最重要的是，他的车里头放了一堆装东西的各种各样的收纳袋，所有的东西放置得井井有条。

我问他，这车是他媳妇开吗，他说不是，他媳妇还有一辆车。通过这个车里的装饰，这个小伙子的性格特点已经很明显地呈现出来了。他一定是属于特别细致的人，生活中的条理性一定很强，至于是不是有强迫症，就不知道了。后面两天上课，从他和我的配合来看，这个特质的确非常明显。

○ 微微盘道

由于私家车大量进入家庭，同时，对于大多数人来说，车依然算是比较大额的家庭支出，因此，从车型、颜色、品牌、价格和用途等方面，就可以对车辆所有者的性格、家庭收入、家庭人口、消费偏好等做出相对准确的判断。

此外，如果有机会观察一个人开车，对于判断他人也是很有帮助的。一般来说，性格急还是性格柔和，从开车时超车、并线和车速上都可以明显观察到痕迹。至于开车违章，更能反映出一个人的性格特点和价值观。

手/指甲（趾甲）

○ 微言无忌

一个认识了挺长时间的闺蜜，夏天一起吃饭，她穿着凉鞋，我无意间发现她脚上的趾甲涂的颜色……好吧，很怪异的肉红色。

其实这个女孩的穿着是属于看起来很典雅、很温柔的那种风格，这种颜色的指甲油，显然与她的风格不符。作为闺蜜，所以我也就问得很直接：怎么弄这个颜色啊？她就给我讲了这个颜色的来由。

前两天，一个朋友过生日，她去人家家里玩，给带的生日礼物就是指甲油。两个人坐着聊天的时候，她把脚放在了沙发上。她那朋友的女儿，看到桌上放着指甲油，觉得很好玩儿，就开始在她的脚上做练习。

这个女孩说，开始聊天聊高兴了，也没注意。等发现的时候，已经抹了两个了。她一想，小孩子，现在不让她抹，小丫头估计该不高兴了，而且都已经抹了几个了，索性让孩子继续吧。结果，就成了现在这样的结果了。

☆☆☆ 老王解事

从闺蜜的描述中,她的特点已经有了比较明显的呈现。这是一个在人际交往中比较温和的人,说话做事都会顾及对方的感受,哪怕对方是个小孩子。因此,她一定是一个在人群中比较受欢迎的人。

一个人手部皮肤的粗糙程度,在很大程度上能折射出他过去的人生经历和职业特征。生活条件越差,手部皮肤保持细腻光泽越困难,即使使用护手霜。这个痕迹的真实程度很高,很难造假。概括起来,从年龄和手部的粗糙程度,对男性而言,可以判断出他从事的体力劳动的强度;对女性而言,特别是已婚已育的女性而言,可以判断她从事家务劳动的多少。

你很难想象,一个家庭条件不太好的女性,年过30之后,双手依然是柔若无骨,水嫩光滑。

与此类似,手上有茧,一定是平时干活强度的体现。而且,茧子长在不同部位,例如掌心还是手指关节,也跟从事的具体工作内容有关。

手部的其他特殊痕迹,也需要进行重点观察和了解。例如,食指和中指发黄,通常会跟长时间吸烟以及吸烟的习惯有关。但现在这种情况比30年前要少得多了,不是因为烟民减少了,而是因为30年前,还有不少烟是没有过滤嘴的,而且由于经济条件差,很多烟民是不舍得把抽了大半支的烟扔掉的,他们往往都会把烟嘬到实在无法再抽为止。日积月累,夹烟的手指就容易变黄。

现在也有不少烟民的手指发黄,这跟他拿烟时的手部姿势有关系。他们夹烟的手势,往往烟头低于手部,所以烟雾会围绕着手指慢慢浸润,从而打上黄色的印记。

这些年有不少人喜欢打高尔夫。经常打高尔夫的人,仔细观察一下,他们往往有一只手的手背要比胳膊白,这是因为打球时有一只手会戴着手套。

此外，手部还有一个很明显的痕迹，就是有相当多的女性会涂指甲油。一般来说，有较强的外在表现欲望的女性，在选择指甲油时，容易选择颜色鲜艳的色系，例如红、黄之类的颜色，当然，这些颜色的选择，也跟其整体的着装风格和搭配有关，不能简单地一概而论。

不过，如果你发现身边的朋友所选的指甲油的颜色，与她平时呈现的风格不一致时，不妨交流一下，没准能发现很有意思的事情。

文身

隔壁老王说段子

有一次上课，我碰到一位女性学员，应该是20世纪60年代末70年代初出生的。课间我在楼道里抽烟的时候，碰见她也在那里抽烟。聊天的时候，可以清楚地看见她的脖子和胳膊上做了文身。

她在一家很大的上市公司里做到了一个三级部门的主管。显然，她一定是一个和同龄人相比，有着突出个性的人。这一点，光看她的长相，是完全看不出来的。

和她聊了一会，我的判断就得到了验证。这位女性喜欢的项目是开越野车，特别是开着越野车长途旅游。她内心狂野，对于按部就班的生活有着严重的抵触。而她现在所做的工作，就是要经常出发到不同的地方和环境，与不同的人打交道，她做得很开心。

老王解事

文身是现在不少年轻人喜爱的装饰方式。文身使用的图案，会代表文身者内心对自我的定位和对外部世界的看法。此外，文出来的图案和贴图，还是有所区别的。

在文身这个问题上，需要提醒年纪稍微大点的朋友，由于很多年以前，我们看到的文身青年里，不良青年的比例比较高，所以往往看到文身，就会把这个人视为小混混，这是非常不理性的评价方式。在文身的问题上，没有好坏和对错，我们可以把文身理解为一种特殊的服饰，就容易更理性地去分析文身背后的原因。

文身者的年龄，也是很有意思的痕迹。如果年纪明显偏大，比如超过40岁，通常这样的人会有着很凸显的个性特征。其背后的逻辑，在于这个年龄的人，受到的教育和主流审美观的影响，是不以文身为美的，所以他们选择了与大多数人不一样的装饰方式时，个性突出的特点就非常鲜明地呈现出来了。

因为文身的人毕竟在社会上还是少数，所以文身可以挖掘的痕迹就更多些。如果你经常看体育方面的节目，一定能注意到世界冠军林丹是有文身的。这件事其实挺奇怪的，因为林丹是现役军人，按照那时候的部队条例，军人是不能文身的。所以，他的文身背后，一定有着一些不为我们所知的故事。

疤痕

○ 微言无忌

曾经给某应届毕业生做职业规划咨询，过程中我发现他手背上有很长的一道伤疤，而且这个疤一看就是缝过针的。但从疤痕的颜色来看，应该是很早以前的了。然后我就留心问他，这个疤是怎么回事啊。他说他上高中的时候，有一次跟同学闹，一个同学在教室屋里，把脸贴在玻璃上，对在玻璃另一边的他说：你打我啊，你打我啊，有本事你打我啊！小伙子说，当时他比较恼，一拳就过去了……然后……然后他的手缝了好多针，就成这样了。他的手尚且如此，对方受伤的程度可想而知了。

说老实话，虽然我们会觉得这男生太过生猛，但毕竟那是几年以前的事情了，所以他后面表述的话就变得很重要。男生讲完前面的经历后，来了一句：唉，那都是年轻的时候，不懂事，别提了。

这个表述是非常重要的，这说明他已经意识到了这种行为的鲁莽，只不过当着我的面，不好意思直接自我批判。但如果他的表述是：哎呀，那会年轻，技巧不好，当时要是换个角度和手法，我的手就不会受伤那么厉害了。听完以后又会是什么感受？行了，还做什么规划啊，别给社会添乱就不错了。

☆ 老王解事

人犯错误不可怕，可怕的是犯了错误还没有意识到，或者坚持认为那不是错误。

但不管怎样，假如我们是在选人和用人，或与人交往的时候发现了上述的问题，就需要关注对方的情绪控制能力。很显然，从过去的经历来说，他在情绪失控的情况下，做出极端行为的可能性是要比一般人高的。

大家可以记住一个基本的原则：一个做事会走极端的人，这样的情况一定不是突然出现的，在之前的生活经历中，肯定有过明显的情绪失控后的冲动性行为。

所以发现了痕迹之后，要从他的过去的经历和行为举止中去判断，这个人在达到压力边界之后他采取的行为举止会到什么程度。

这个原理可以用到婚姻和家庭中。家暴这个词，现在经常可以看到。恋爱或婚姻中的双方，发生冲突很正常，哪有舌头不碰牙的，但发生冲突之后的处理方式，不同的人则是大相径庭。最糟糕的就是采取家庭暴力，甚至舞刀弄枪。

如果你希望自己的另一半在遇到冲突时，不管多大的冲突，都能够比较理性地去解决问题，就需要观察他/她平时在生活中，遇到负面情绪时的表达方式。如果动不动就采用比较暴力的手段来解决问题，比如摔锅砸碗，那意味着他/她将来控制自己情绪的能力其实是需要改善的，而且，暴力倾向越明显，做事走极端的可能性也越大。

从我们自己的生活经验就可以知道，每个人在成长的过程中，由于磕绊和摔打，在身体上留下疤痕属于正常情况。但造成的原因差别巨大，通过对原因的了解，可以部分探询到对方过去的行为习惯和事件。

根据我的观察，在疤痕上还有一个有意思的痕迹点，就是如果一个男孩，在膝盖部位没有任何伤痕，皮肤非常光滑，是有可能折射出其成长的家庭环境的。

大家可以想想自己或身边的小男孩，就会发现，好动是男孩的天性，从小到大，小男孩在玩耍的过程中，因为疯跑导致摔跤的概率是极高的。而且孩子在瞎跑的时候，摔跤基本上都是前趴，膝盖很容易磨破；同时，因为这个地方是关节，活动多，所以伤口不太容易长好，会留疤痕。男孩在膝盖上没有任何疤痕，通常表明激烈运动偏少，成长过程中，家庭的呵护是很多的。

职业对穿着打扮的影响

💤 隔壁老王说段子

有一年我在一家著名的食品公司给他们的中层管理人员上课。很大的一家企业，他们生产的产品估计读者都吃过。公司总部在离省会城市还有一段距离的地方。

我上课的时间是夏天，8月份，天气很热。一进教室，我就发现有一个人，与他人明显不一样。屋里其他的男性员工的着装基本上就是个T恤，甚至有个别的穿个圆领衫就来了。这些员工的着装风格表明，公司对于这个级别员工的着装规定是相对宽松的。而这哥们则穿着长袖衬衣，袖子扣还扣着，系着领带，一件深色西装搭在了椅背上，边上还有一个中等大小的双肩背的书包。而且他坐在那里，不像其他人之间在互相打招呼、开玩笑，他和其他同事很少交流。看完他的打扮和行为，我就有了如下的几个判断：

- 这哥们应该是加盟公司时间不太长的新人。因为上课的对象是中层管理人员，所以他的级别不会太低，应该是猎头挖来的；
- 他原来所在的公司应该是比较大的外资企业，而且我比较倾向于判断是老牌的欧洲企业；
- 他在原来的企业待的时间应该不短；
- 在这个公司，这哥们能不能待下去我比较担心。

之所以有上述的判断，原因和观察到他的痕迹特点是高度相关的。

第一，什么样的公司会要求员工在炎炎夏日也穿着长袖，而且要打领带（除了房屋中介或保险公司以外）？如果大家仔细观察，会发现外资企业比较多。在外资企业中，这方面要求高的，其实是日韩企业，其次是欧美企业。因为涉及具体的真实人物，我上课的这家公司不方便说名字，但因为他们在行业内的垄断地位，再加上这个行业是欧美企业领先，日韩企业基本没有太牛的，所以我判断他是来自欧美企业的人。

第二，欧美企业中，欧洲企业的着装风格相比美国企业，要相对更严谨或刻板一些。

第三，之所以说是从大的外资企业过来，是因为一般来说，大的外资企业在国内的办公地点通常都是比较高档的写字楼，夏天空调够凉，长袖衬衣和西装才能穿得住。

第四，这哥们来上课都穿衬衣、打领带，说明这已经成为他的穿衣习惯，那意味着他在欧洲企业工作的时间应该比较长了，才有可能养成这种穿衣风格。

第五，随身背双肩背的书包，比较典型的是 IT 行业的人，其次是外企的不少员工，包括一些咨询公司的员工。这跟他们经常要扛着笔记本电脑回家加班或去客户那里有很大关系。这个痕迹对我来说，是在佐证对他在外企有长时间工作经历的判断。

第六，他坐在那里，和大家的交流少，说明他是新人，或者他缺乏与大家主动交流的意愿；同时，当他进入这个教室后，应该发现他的穿衣风格与其他人是明显不一样的。如果他有很强的人际敏感性和自我调适的能力，这时他的做法应该是把领带摘了，把衬衣的袖子卷起来，这样会让自己看起来和别的同事的着装风格协调不少。对于一个加入组织的新人来说，我们观察他是不是有很强的融入现有团队的意愿，一个重要的痕迹观察点，就是他的穿衣打扮和行为举止，是不是在与现有团队的风格趋同。趋同性越强，表明自我调适的意愿越明显，说明融入团队成功的概率也会越高。

课间休息的时候，他一个人在外面抽烟，我过去和他一边抽烟，一边聊了会，证实了我的判断。

他到这家公司半年左右，原来在一个老牌的 500 强的欧洲企业工作了 16 年。被猎头挖到这家公司之后，一直比较苦恼，感觉手下的人跟不上。不像原来自己带的团队，一个眼神，不用多说，事就搞定。

那哥们知道我是外人，所以说话也不太隐晦，感觉他有不少怨气，觉得现在带的那帮人太笨，自己很想做事，但要做事也很难，换人很难换，身边其他同事好像也不太接受自己。

客观地说，在和他聊天的时候，我感觉他其实人还是不错的，有思路，也想做事，在他的专业领域内也有很深的积累，人其实也不能说是一个刻薄或自我感觉很好的人。

晚上吃饭，和人力资源部的同事聊起了这位同事，结果得到的评价却是与他自己的感知完全相反。大家对他的反应是，做事说得多，做得少，什么事都想着外包,那公司花那么大代价请他来干吗?底下员工的确不是太专业,但他又不愿意手把手带着大家去做,只是嫌手下水平低。

之后我没问过这哥们的情况,但根据我的判断,他应该很快就离职了。

在我看来,这事不能简单用谁对谁错来判断。但可以肯定的一点是,这哥们折在了没能很好地融入现有团队中。当大家都不接受你时,你就算是美国队长,最后也得黯然离开,除非你把现有的人都给弄死。而他自我调适的意愿并不强,这个其实是从他的着装风格和行为痕迹中可以观察到的。

微微盘道

前述中关于穿着打扮的分析,是从人的个性特征、价值观等方面出发,进行判断。现实中,影响一个人的着装的,还有一个非常重要的因素——职业,就像上面故事里提到的那样。

比如,你能否从大街上身边走过的男性的穿着,判断出他的职业(当然不是穿军装之类明显的制服)?很多人可能觉得这个很难。

但如果换个问题:在北上广这样的城市,在夏天,从一个人的打扮能不能判断出他是个房屋中介?估计大多数人会觉得:有戏。

因为这类职业的男性从业人员有个特点,即使是夏天,也是长袖衬衣、样式不好看的领带,脖子上挂个胸牌。就算衬衣皱皱巴巴,领带歪系着,他们也会拴在脖子上。估计这是工作着装,如果不按这种方式穿衣,会被扣钱的。

其实,一个人的穿衣习惯,除了和审美观、价值观和性格特点有关系外,还和一个人的职业经历有很大关系。我们知道,职业是会对人的性格起到塑造作用的。一个人从事某职业的时间越长,这个职业特性在他身上留下的烙印就越明显，一定会在行为举止等诸多方面表现出这种职业的特征。

如果我们留心观察，在单位里做组织工作或人力资源工作时间很长的人，往往在公众面前的话都偏少。特别是体制内单位相关部门的领导，在公共场合的语言和表情都偏少，他们在公众面前很少出头，更多的角色表现是人群中的观察者和思考者。

而做财务（非投资内容）、法律或风控工作时间长的人，跟他们讨论问题时会发现，他们往往会下意识地先思考此事有没有风险。

做掮客的人，聊天的时候总是会琢磨这里面有没有整合资源挣钱的机会，这就是职业特质。

所以，一个人的着装风格和他的职业经历相吻合，其实是正常的。如果不吻合，就要格外留意了。

一个人干一种职业时间长了，会形成特定的职业特质，其原理就是我们前面提到的，重复弱刺激。因为是用很长时间形成的，所以改变起来也很困难。因此，一个人从事了一个专业领域很长时间之后，再往别的一些专业领域转型的难度很大，原因之一就在于职业特质的差异大，很难改。

同理，一个人在某类公司待时间长了，再去别的类型的公司，哪怕是从事同样性质的工作，挑战也会很大。这跟不同环境下，对人的工作习惯的要求差异很大有关系。

总之，穿着打扮，是我们对他人进行了解和判断的最明显的外在痕迹之一。如果希望提升自己在这方面的技巧，需要在平时多培养自己的细节观察能力，关注整个社会穿着打扮的变化趋势，潮流时尚人士或名士们的代表性穿着风格，从中慢慢找到规律。

第三节 行为举止中的痕迹解读

一、行为举止的分类

○ 微言无忌

我上课的时候，喜欢到台下和学生交流。有时我走到学生面前提问，就可以看到学生的身体反应会有明显差别。一类是身体依然后仰，即使我走到跟前，也没有任何的变化，直接回应我的问题；还有一类会把身体前倾，双腿并拢，甚至欲起身回应。

☆ 老王解事

这两种身体姿态的变化，会很明显地反映出不同的家庭教育特点和习惯。前者可以看出，在其成长过程中，周边环境并没有在尊卑长幼秩序方面给过太多的刺激；而后者则在这方面应该受过较多的引导。

类似前面讲到的对人性的分类，人的行为举止，也可以分为三种类型：

1. 动物性本能

例如伸懒腰、打哈欠，这类动作会直接体现出对方当时的生理和心理状态，这类动作的特点是下意识反应，而且大多数人的情况是一致的。

2. 经过重复弱刺激形成的习惯动作

例如握笔的姿势、坐姿等。这类动作的特点是下意识，不需要思考的自然反应，但因为每个人生活习惯的差异，会有很明显的个体差异，是观察一个人过去成长经历的很好的切入点。一个人在放松状态下的动作行为，大部分是此类行为。

人在下意识情况下的行为表现，真实程度往往很高。

近几十年来，在国内对孩子的教育方面，对权威的尊重和认同感是越来越弱的，所以，从我自己的讲课经历来看，像前面讲到的课堂上的表现，一般而言，"85后"的学员中，呈现前一种反应的比较多，而20世纪六七十年代的学员，呈现后一种反应的则比例更高，而且此行为特点，与职位级别还没有很明显的关系。当然，这也可能因为我在台上的角色是老师的缘故。

3. 刻意而为的动作

例如主动伸手和他人握手，说话时的眼神对视等。此类行为的特点是随着注意力被干扰，动作很容易改变。

这三种类型，就是我们对他人进行判断时非常重要的判断基准。如果从痕迹的角度来说，第二种和第三种的价值更高。

二、行为举止的形成与经历

○ 微言无忌

去年，我和大学的一个师妹吃午饭。在差不多两个小时的用餐时间里，我发现她的身体姿态始终保持得非常正，就没有出现过向后靠在沙发背上，或者左倾右倒的时候。我们俩大学就很熟悉，我们之间吃饭不像是商业谈判，不需要彼此绷着弦，而是非常放松的状态。

聊天中她告诉我，从小父母对她管得很严，作为女孩子，一定要站有站相，坐有坐相。所以，这种环境下，坐姿端庄，其实就成为她最习惯的姿势。可怜我那一顿饭，也被影响到端庄到不行，还真是不习惯啊。

☆ 老王解事

一个人的行为举止习惯，基本上都来自于过去的成长经历中的重复弱刺激。

生于20世纪70年代的我，在小时候，父母定的规矩是很多的，比如，大人给盛饭，要用双手去接；从盘子里夹菜的时候，不许从盘中间夹，要从边上夹；咀嚼的时候，不许吧唧嘴；不许掉饭粒（当时为了让我们不产生抵触情绪，父母塑造了神秘的氛围，告诉我们，如果吃饭掉饭粒，长大会一脸麻子……呃）；不许咬筷子头；不许把筷子直直地插在饭里面；等等，不一而足。这些要求，就成为我们自然而然的行为习惯。

所谓教养，在我看来，就是规矩意识，知道哪些事情可以做，哪些事情不能做。教养好的人，规矩意识强，做事底线高，他们心目中，不可以去做的事情要远远多于那些教养差的人心目中不可以做的事情。所以，要让孩子有好的教养，本质就是塑造孩子的规则意识，让他们形成行为边界的习惯。

然而，正如前文所述，由于中国从 80 年代开始，特别是城市里，普遍都是独生子女家庭，爷爷奶奶辈出于代偿心理，对孙辈的教育和约束变得宽松，导致 20 世纪 80 年代后成长起来的人，规则意识要普遍低于 20 世纪 70 年代前的人。

不能说这一定好或者不好。如果从好的方面来说，规则意识弱，是有利于创新思维的。因为创新本身，就是对过去既有事物的改进、完善甚至颠覆。一个循规蹈矩的人，是很难有创新的思维和做法的。如果对此不确信，可以查阅一下欧洲国家出的各种创新和发明，有多少来自于教养程度很高的世袭贵族家庭？但另一方面，规则意识弱，在人际交往中，就往往容易带给别人自私自利的感受。

所以，如果希望自己的孩子未来能有好的行为习惯，从小的时候就进行行为塑造，是极其重要的。行为习惯与价值观相比，相对要容易更改，所以，要是小的时候习惯不好，成年以后还是可以改过来的，但毕竟要花费更长的时间和更大的代价。

行为习惯是一个非常有意思的观察点，但我们很多人在平时缺乏足够的敏感，对行为举止的细节视而不见，会错失了对人进行判断的很有效的依据。

为了证明我的结论，出一个问题：2000年后出生的孩子，和20世纪70年代之前出生的人，手握筷子的位置，谁更靠近筷头？

对这一点，我观察了很多20世纪70年代前出生的人和很多孩子，结论是，大部分"00后"的孩子，手握筷子的位置更靠下。那么，问题来了，为什么是这样？

20世纪70年代以前出生的人，成长环境有两个大概率事件：一是家里孩子多，二是家庭条件一般，所以吃饭的时候，就会出现一大家子人围着桌子，菜就那么两三个，离自己的距离不近。如果要方便夹菜，很显然，筷子握在靠上的部分会更舒服，也有利于抢菜。而"00后"的成长环境是，独生子女，家庭的中心，不用自己夹菜，爷爷奶奶爸爸妈妈早就把菜夹到自己的碗里了，这时，如果筷子握得太靠上，使用起来会很不方便。

当然，在民间也流传一种说法：握筷子靠下的人将来离家近，靠上的人离家远。是不是这种原因造成的握筷子的位置的差别，也可以反映出一个人的家庭对孩子未来的预期。

我曾经看到某篇文章，写一个人握筷子靠上，是权力欲强的表现。我觉得这种分析基本没有根据，一个人握筷子的习惯，是与过去的成长经历高度相关的。

掌握了行为举止形成的逻辑，就可以通过对人的观察发现很多有意思的结论。我们说每一个人的行为举止背后其实折射出是他的价值观和性格特质，角色认知和自我定位。我们如果能从外在的痕迹去找到对他的判断，就可以成为在他的人际交往中，与其沟通并说服他的有效切入点。

三、伴随性行为

隔壁老王说段子

有一年我到一家公司上课，进了培训教室之后，马上就看到一个大高个的小伙子，器宇轩昂地坐在那里，身体笔直。我问：你原来当过兵吧？这时其他学员让我猜他是当什么兵的。

当时我没多想，其实，从大家让我来猜这样的反馈，应该已经能得出结论了。部队里，什么兵的仪态是最正直的？仪仗队啊。这小伙子原来是国旗班的，还做过旗手，你能明显地看出他和其他人身体姿态的差异。

○ 微微盘道

人身体的习惯性动作，是过去经历所产生的结果，也就是伴随性行为。这种行为的特点是完全下意识，只要不是刻意隐瞒，很容易被观察到，而行为者本身，都没有意识到自己有过这样的行为。

举个例子，你会转笔吗？如果我说，通过转笔的手法，能判断出你高中时大致的学习成绩，信吗？听起来貌似很神奇的样子，我们接下来分析一下背后的推理过程是什么样的。

转笔这种玩法，基本上是在 20 世纪 90 年代初期开始出现的，具体是谁发起的这种手部运动，就不得而知了。这也是为什么 20 世纪 90 年代之前的大学生，会转笔的人很少，因为转笔这个手部运动开始蓬勃兴起的时候，他们都已经工作了。

后面几年，转笔这种行为，慢慢从大城市向中小城市传播，后来成为大多数中学生最熟悉的手部运动。

一个人会在什么时候转笔？多数是坐在那里看书和思考的时候——注意，一般是看书和思考，而不是写作业。因为写作业的时候，不可能转笔。同样，看小说或看电视的时候，通常也不会去转笔。

其次，谁会去转笔？小学生一般老师管得严，所以很少会练习转笔。转笔这种玩法，学生基本上都是从初中开始练习的。因为不太会有人刻意去练习转笔，所以转笔转得越娴熟，表明坐在那里看书的时间越长。就大多数人而言，学习投入和产出基本成正比，所以转笔转得越好的人，往往初中和高中成绩会越好。上大学之后，不同学校在学习要求上两极分化很厉害，这个规律就不容易观察到了。

当然，这里面也有例外。转笔转得很烂，但成绩不错，这种人通常比较聪明，或者说学习能力强，学习的投入产出比高；转笔转得很好，但成绩很差，表明学习能力可能真的一般，或者手部运动天赋很高。

之所以通过转笔能推测一个人中学时的学习成绩，是因为转笔是一种伴随性动作，是一个人在成长环境中所留下来的痕迹。通过对这些痕迹的发掘和观察，可以帮我们复原出被观察对象过去的某些经历。

类似的例子有很多，像是一个人在进电梯，或是通过弹簧门的时候，自己进去以后，手会不会下意识地扶门，都是可以反映出他过去的经历的。关键在于我们是否具有敏锐的观察力能把握到这些痕迹。

很多职业会给从业者带来明显的身体或行为习惯的改变，例如羽毛球运动员，左右胳膊通常粗细会有区别；跳健美操的，大腿往往很粗；体力劳动者，手掌比较粗糙，容易有茧子；长时间伏案工作的人，一般颈椎和腰椎都不太好，等等。这些规律就是我们对他人进行判断时，进行分析的切入点。

伴随性行为的本质是下意识的习惯，所以，如果希望通过一个人的行为举止来验证其经历的真假，很有意思的一种方法，就是观察对方在下意识情况下不自觉的动作特征。

根据上面的原理，要想观察一个人，非常重要的就是观察他在下意识情况下的身体状态和行为特征。

☆ 开个茅塞

茅塞一根草：招聘时如何利用伴随性行为的原理，判断面试中候选人的行为

茅塞开花：在面试结束的时候，我们会发现，有的候选人会把椅子推回去，有的人则是扭头就走，不同行为的背后，体现出的就是不同成长环境导致的差异。

现在给候选人做面试指导的人或课程很多，会有人教他们，走的时候，要收拾桌上的水杯，把椅子推回去，等等。这就使得一些候选人的行为，不是习惯，而是刻意而为。

怎样看出其中的差别？有个简单但很有效的方式，就是在候选人起身的时候，一定要跟他说话，最好是问他问题。这时对方的注意力会集中在跟你说话的内容上，手上的动作就是下意识的行为，换句话说，推椅子或不推椅子，才是他真正的习惯。

茅塞两根草：怎样从眼神中判断对方是不是在说假话

茅塞开花：对于一个没有经过训练的人来说，他在说谎的时候，通常眼神是有闪躲和回避的。有的心理学书上讲，人说谎时眼睛会往左上看或者往右上看，根据我的观察，这个似乎并不准确。但眼神有闪躲，则一般是比较明显的。

所以，在人际交往中，如果想判断对方说的话是真话，有一种很有效的技巧，就是在对方陈述事情的时候，不要去看他的眼睛，可以低头看别的材料或物体，等对方讲完以后，问他一个问题，问完问题突然抬眼找他的眼神，如果发现他下意识地回避你的注视，通常说假话的可能性会比较高。这其实是人的一种本能的反应。也就是我们后面会讲到的，人在遇到危险时的反应：逃跑。

四、建立行为基准

○ 微言无忌

刚参加工作时，住的是集体宿舍，有一位同事，几乎见不到她刷牙，牙齿还很好。问她为什么不刷牙，说是刷牙牙痛，搞得我们很无语。突然有一天，她开始刷牙了。看到这个行为的变化，我们一致判断，她，谈恋爱了。经过逼问，果然幸福地承认了。

☆ 老王解事

与外在打扮相比，行为举止的变化极多，分类难度很大，无法穷尽。

但每个人会有自己习惯的行为动作细节，这些习惯本身，其实并不一定意味着会有什么特殊的含义。由于行为习惯的巨大差异化，在对具体行为特征进行观察时，前述的痕迹属于一般性概率事件，不可急于做出判断。更重要的，是要建立观察的基准——也就是观察对方在平静状态下的反应。一旦其行为细节偏离了正常状态下的动作时，痕迹就产生了。就像上面提到的，从不刷牙到刷牙，就是行为偏离了正常基准。

虽然我们了解了行为举止形成的规律，但对行为举止进行判断的难度依然不小。这里的难度，一是来自于我们是否能发现这个人的行为习惯与别人不一样的地方，二是来自于很多人正常情况下的行为习惯，并不会与别人有明显的差异。此时如何从行为中发现痕迹呢？

对第一个难点，唯一的解决办法就是平时多观察各色人等的行为特征，在头脑中建立行为习惯的知识库。比如，一个人在台上讲课，他是不是一个有着丰富出台经验的老师，我们很容易观察到。

经常上讲台的人，在肢体动作，特别是手部动作上，动作幅度大，舒展，不畏惧观众的目光，敢于和观众做目光交流；而初上讲台的人，一般动作拘谨，目光不敢直视观众，个别的甚至手、腿都会发抖，如果手里拿着纸，我们有时还可以看见纸张的颤动。

而对于第二个难点，则需要通过建立行为基准的观察方式来完成了。

尽管每个人的行为举止的特点差别很大，但不管是谁，都会有自己的行为习惯，这就是每个人的行为基准。因此，在观察一个人的行为举止时，首先需要建立他的行为举止的基准，然后判断他的行为是否偏离了基准。如果偏离了基准，就可以说产生了明显的痕迹。

我上课的习惯是不停地走动，这就是我的行为基准。如果某次上课，我很长时间没有挪动，此时，痕迹就产生了，一定是有什么原因导致了我行为的变化。比如去年有一次上课，是发着烧上的，身体非常疲乏，状态很差，走动就非常少。

了解了这个原理，平时多观察身边的人的行为习惯，就很容易在他行为偏离基准的时候，发现痕迹。

我相信有很多女性读者会相信所谓女人的直觉。其实，女性的直觉在科学上并没有得到证明，但女性相对于男性更细心的特质，使得她们更容易感知到身边的人发生偏离行为基准的痕迹，例如对于身边人手机使用，接电话的状态，生活细节的变化，等等，这些会成为她们进行判断的重要依据。

举了这么多例子，是想说明，每个人的行为基准不一样，不能用自己的行为基准来代替他人的基准，要通过平时对细节的观察来积累。

五、常见行为分析

虽然行为分类很困难，但在日常生活中，我们大部分人都有一些常见的行为举止，我们可以对这些比较普遍的行为举止做些分析。

1. 打招呼

在与陌生人见面时，看一个人和别人打招呼的方式，能体现出一个人的性格特点。通常性格外向和主动的人，打招呼也比较主动。

还有比如说一些地位特别高的人，你会发现对于地位低的人对他们打招呼之后的反应，有三种类型。

第一类是反应平淡，不理睬，或是在回应打招呼时，眼神并不直接看对方。这类人会有比较明显的身份意识，在意等级差距，这是大多数"牛人"的常见做法。

第二类人会跟你特别的热情，但是那个热情你会感觉挺虚伪的。一些在公众场合特别装的人，往往会有这种表现，因为他们很在意自己的公众形象。

还有第三类人，是真没有架子。

前几年做节目认识一位老哥，在他所在的专业领域内算是"大牛"级人物，真的是跟什么人都能打成一片，绝对属于平易近人的路子。这类人的特点，一是有足够的自信，但并不会把自己太当回事，二是他们真的是内心会追求人与人之间的平等，没有架子。遗憾的是，在中国的成功人士中，这样的人挺少的。

2. 微笑

隔壁老王说段子

几年前，帮我一个朋友做面试，招的职位是人力资源总监。公司是朋友自己的，他年龄比我稍微小一点，对我也比较客气，当着候选人的面管我叫老师。

面试的对象是位女性。她比我小不少，从业时间也短。不过可能因为过去的经历不算太顺，所以看起来比较老，而我那会儿由于创业时间还不长，苦日子才刚开始，长得显得稍微嫩一点，这就导致她的心理状态有了非常微妙的改变。虽然她知道我是做人力资源的，但并不清楚我的背景，只是知道我不是公司里的人。因为属于专业上的面试，老板对我也很客气，所以让我先跟她交流专业上的问题。

交流开始之后，我问的问题难度比较大，在细节上的追问也比较多，虽然问的问题多，但我的态度还是很客气的。能明显感觉出来，她有点不爽，但因为我的朋友坐在边上，所以她的表情里倒还始终带着笑。

聊的过程中，我的这个朋友的手机响了，他起身到屋子的其他地方接电话，等他一转身，这位女士脸上的笑容迅速消失，面上也露出了不快的神色，很有意思。最后，在离开的时候，她主动伸手跟我的朋友握手，但握完之后，收回手，只是跟我点头告别。

面试结束之后，我给我的朋友谈了我的观察。第一，虽然这位女士是一家民营上市公司的人力资源总监，但专业功底实在一般；第二，也是从前面的行为中看到的，我比较担心的一点，是她的沟通可能有比较大的问题，在工作中，容易出现前倨后恭的情况。我给他的建议是不考虑这位女士。当时因为各种原因，我的这位朋友还是选择了她。

没想到，进公司没多久，这位女士就非常强势，结果犯了众怒，之后又开始磨洋工，让我的这位朋友很不爽。最后离职的时候，还跟我的朋友打了个劳动官司，给他气个半死。

说老实话，她会跟公司打官司，从面试中是真看不出来的，如果我说我能预判到这一点，就属于瞎掰了。但沟通方面有问题，在面试中是很清楚地能被观察到的特征。在面试中，作为候选人，不管你面对的人是不是比你专业或资深，保持基本的沟通礼仪都是一个成熟的职场人士应具备的素质。

○ 微言无忌

在这个故事里，"微笑"这个行为就是我们重要的痕迹观察点。微笑本身，是向对方表达善意的行为举止。如何判断出一个人发自肺腑的微笑，和职业化的微笑的区别呢？

比如说，我们坐飞机的时候，会发现很多空姐的微笑，感觉都是职业化而不是发自肺腑的——当然也可能跟你长得不够帅有关系。我们为什么有这样的感知？

其实就像很多年前我听的一个相声里面说的，发自内心的微笑和职业化的微笑最大的区别，不是露几颗牙，而是笑容的收敛速度。职业化的微笑最明显的特点，就是笑得收放自如，说给你就给你，说收回来就收回来。而发自肺腑的微笑，消失的速度是比较慢的。不同的微笑，代表了微笑的人当时的心理状态的差异。

当然，这个痕迹也可以成为自己对他人是否有足够吸引力的重要判断标准之一。如果你想确认自己是不是个"白富美"，你只要看走到哪，绝大多数的男士都对你发出了灿烂的、发自肺腑的微笑，这个结论基本就可以下了。这个原理同样适用于男性判断自己是不是足够"高富帅"。

☆ 开个茅塞

既然说到"白富美"，再来说说挺有意思的一个现象。大家可以看看身边的美女（注意，一定是要真的美女哦），在她们平静放松的状态下（最好是她们没注意到有人偷窥她们的情况下），看看她们的嘴角是向上还是向下的。你会发现，美女嘴角向下的居多。这个现象挺有意思，细细分析，应该是以下的逻辑。

美女（那种后天整容的不算）从小到大，一定是追求者众多，而且这些追求者中，不靠谱的，死缠烂打的，一定少不了。哪怕是自己走在街头，都时不时会遇到主动上来搭讪的，冲着自己吹口哨的。从美女的角度来说，这些人像苍蝇一样，很烦，如果还给他们笑脸，那岂不是更让他们深受鼓舞？嘴角下咧，表情会显得很严肃，至少从气势上可以屏蔽掉一些有贼心没贼胆的人。时间长了，这表情也就成习惯了。

反过来说，如果长得很漂亮，脸上的表情还总是笑意盈盈的，要不就是情商很高，能充分控制局势；要不就是有其他原因或方式，能帮助自己不接触到那些令人讨厌的追求者们，比如有个很厉害的爹，一般人根本不敢招惹。

3. 眼神

我们常说，"眼睛是心灵的窗户"。这句话的道理在于，眼神可以表现出一个人的心理状态。仔细观察，其实可以发现，在人际交流中，如果一个人处于困惑状态的时候，其眼神会表现出茫然的特点，眼神容易发散，不清澈。

有过上台讲课经验的人应该知道，在讲课的过程中，如果听讲的人不是很能理解你表述的内容，你会发现他们往往眼神呆滞而茫然，缺乏灵性。如果对对方有鄙视的心态，通常眼光不会正视对方。如果有明显的敌意，则会表现出俗话说的"凶光"。

当然，这些特征，同时还会伴有相应的面部表情。例如，茫然的状态下，面部肌肉的活动少，可能会有皱眉的表情；鄙视对方时，嘴角往往下咧；而面露凶光时，面部肌肉往往紧绷。

因此，在人际交往中，多观察对方的眼神和表情痕迹，对于判断对方的心理状态是很有帮助的。

4. 握手

握手是双方进行沟通的一种行为方式。下面对握手的分析，用于男性之间，准确度较高。

用力握，本身代表了一种开放和交流的姿态。如果一位男性在握手时，绵软无力，通常表明其内心的自我防护意识是较强的。在沟通中，其所表述的内容往往也会经过更多修饰。

从我的经验来说，政府官员中，握手时虚握的人的比例要比从事其他职业的人多。想想官场生存规则，其实也还是符合逻辑的。

另外，在握手的时候，我们会发现有的人右手握手的同时，左手会拍对方的肩膀，这种行为不仅仅表达的是亲热，其实还体现出拍对方肩膀的人，在内心会有较高的地位感。

☆ ☆ 开个茅塞

握手加拍肩膀这事，如果读者觉得不是很能理解，可以多看看新闻联播，看看国家领导人在国内视察，与各界领导和群众接触时，有谁会拍他的肩膀。但领导拍对方肩膀的情况应该很常见。

同样,如果你想判断各国外元首之间的私交如何,也可以通过看新闻,看看这些国家元首握手时,双方是否会互拍肩膀就能得出结论。

5. 手部动作

手部动作很多,本书也无法穷尽,我们举几个在生活中常见的姿态来分析。

在双方谈话时,一方将双手叉在一起,通常是内心比较紧张的表现。因为人一旦叉手时,形成的其实是典型的防御姿态。

很多长发并散着头发的女性,会有一个习惯动作,就是用手把散落在脸旁的头发捋回到耳后。仔细观察一下,就会发现同样是这个捋的动作,有的女性会用食指,有的女性会用无名指,还有的是用整个手掌。当女性使用无名指捋头发时,手型是什么样的,读者现在试试就知道了。从两种动作的差异,应该能判断出哪类女性在平时生活中,会更容易呈现女性特质了吧?

6. 腿部动作

腿部动作看似不太多,常见的有以下几种情况:

- 双腿并拢,通常是处于紧张和防御状态的表现。
- 双腿叉开,特别是叉开得非常明显,如果是站立的情况,有可能从心理上进入了捍卫"领地"的状态;如果是坐姿下,情况恰恰相反,是对方心理不设防的痕迹呈现。
- 跷二郎腿,或双腿有规律地晃动,则是处于放松和舒适状态下的外显痕迹。如果你在和对方谈话的时候,想判断对方是否处于放松和安全的状态,这是典型的外在观察点。这时,千万不要因为感觉对方很不尊重自己,而调整自己的态度,让对方变得紧张,当前的状态,对于了解对方其实是非常有价值的。

上述的分析，只是一般性情况，不能代表绝对的结论。虽然本书介绍的内容是痕迹识人，但并不是所有痕迹都能得到明确和单一的结论。所以，读者在阅读一些介绍如何识人的书时，更多地不是要简单记住书里提供的结论，而是要搞明白背后的推理逻辑，何况有些关于对人的痕迹判断，在现实中其实也是经不起实践检验的。

曾经在一本书上看过，说是一些心理学的研究表明，一个人如果鼻孔张大，表明其处于愤怒的状态。这个理论放到大猩猩身上，应该还是可以的，因为其鼻孔大，容易看见，可是放在我们人身上，可操作性就大大降低了。我观察过不少愤怒的人，真的不太容易看得出他们鼻孔放大了。

7. 上身姿态

上身的姿态，也是一个人内在心理状态的痕迹呈现。一般来说，身体前倾，表明注意力集中，处于关注的状态下；而身体后仰，表明并未对面前的沟通者产生敌意或敬意。

但这个推论还跟环境有关系。例如在上课时，我们会发现，由于很多老师是站着讲，学员在听课时，后仰的状态其实更专心；而身体前倾，反倒有可能是注意力分散的表现。

此外，身体姿态，还与一个人所受到的训练有关。就像前面讲到的例子那样，在部队（非文职，特别是在作战部队）有过长期生活经历的人，其上身姿态应该明显要比一般人更挺拔。所谓的军人气质，这种身体姿态也是非常关键的体现之一。

8. 沟通双方的身体距离

相信你在大街上，看到一男一女并肩而行的时候，即使他们没有勾肩搭背，你也能大致判断出两个人之间关系的亲疏远近。我们进行判断的标准，其实就是两个人之间身体的距离。

每个人在与他人相处时，都有一个舒适距离。关系越亲密，舒适距离越短。一般来说，陌生人之间的舒适距离在一米左右。异性之间的舒适距离，要高于同样亲密关系的同性之间的舒适距离。

比较糟糕的是一个人的舒适距离近，一个人的舒适距离远，两个人在一起的时候，舒适距离近的人，往往会更贴近对方，令对方感到很不舒服。

想想你身边有没有这样的朋友，其实你跟他关系不算太近，但他总喜欢贴着你（别想多了，不是因为那种原因），让你觉得极其别扭。这种人在人际交往中，通常属于人际敏感性比较低的类型。

此外，对于情侣来说，从男女双方胳膊的摆放，也能大致判断出双方关系所处的层级。一般来说，在男性尚未取得两人之间的心理优势时，两人同行时，男的搂着女的比较多；而双方关系发展到较深程度，女性在心理上已经明确了自己的角色时，女性挽着男性胳膊的比较多。之所以可以做出这样的判断，和中国社会中，男性和女性在家庭中的传统地位有关系。

尽管现在很多女性独立性很强，但从传统观念来说，社会比较普遍认同的观点，依然是在家庭关系中的男强女弱。脑补一下，男性搂着女性的肩，有没有"我罩着你"的感觉？而女性挎着男性的胳膊，是不是"我是你的人"的姿态？产生这样的行为背后，更多的是心理因素，与身高没有太多关系。

六、人遇到危险时的几种反应

在介绍了常见的几种行为特征之后，我们再来分析一下人在遇到危险时的反应，这些反应能从一个人的行为中观察出来，从而成为我们判断对方心理状态的依据。

人在遇险时，基本上是以下几种状态：

- 冻结反应：停顿、行为停止。我们可以类比为常说的：吓傻了。
- 逃跑反应：此时，行为特征是有回避的趋势，例如身体向后的倾向，腿藏到椅子腿后，眼神逃避等。
- 战斗反应：在这种状态下，对方采取的行为往往是辩解、争论等。

当出现上述行为痕迹时，表明对方已经进入了不同的情绪状态。特别是进入到战斗反应时，表明沟通效果非常差，需要控制局势了。

在人际交往中，一旦出现战斗反应会很麻烦，沟通往往会陷入僵局。因此，当观察到对方出现了冻结反应或逃跑反应时，应迅速调整沟通方式（例如态度上的退让），降低对方的紧张与不安，这样才有助于达到沟通的目标。

七、安慰行为

与遇险状态相似，但并不一样的还有一种状态，就是不适感状态。人处于非危险状态，但感到不自在或不舒适的状态下，很容易出现安慰行为。安慰行为的常见表现，有舔嘴唇，用手抚摸颈部、面部等。

从心理学上说，当一个人在沟通时，时不时出现了下意识遮挡面部的动作，如摸鼻、摸脸等，往往意味着内心的紧张与不适。从沟通环境的营造来说，这也不是有利于了解对方的氛围。

八、行为痕迹观察综合运用案例

除了上述常见行为举止的分析外，在生活中，可以说行为举止的观察是无处不在的。下面选取几个案例进行说明。

案例一　偏离行为基准

几年前，有一天加班很晚，又赶上限行，那天没开车，我打车回家。因为很多天睡眠不足，我坐到后座上，跟司机师傅说完了地址之后，就开始打盹。迷糊之间，感觉到车好像忽快忽慢。

我睁眼看前方，没有什么情况，然后从后视镜里一看，司机眼睛闭上了，这时车的时速应该在60公里以上，再看前方，车正朝路边的隔离带冲过去。我大喊一声，这哥们一激灵，眼睛睁开，赶紧调整方向盘。这下可是把我俩都吓得不轻。赶紧跟那哥们说话，一问，他已经一天一夜没合眼了，本来准备收工，正好拉我算是顺路，就接了这个活。我强忍困意，一路陪他说话直到到家。下了车，叮嘱他小心点，别再出事。

开车时间长了，仔细观察，是能够看出前车的一些状况的。例如，远方没有车，但前车速度突然降下来，很有可能就是在接电话；如果不远处有个出口，很可能他要并线；如果晚上跟在大货车后面，发现行驶的轨迹是曲线，也就是俗称的"画龙"，务必要小心远离，因为司机可能在打瞌睡，等等。

上述行为，都是偏离了同类人群正常的行为基准，意味着有一些需要关注的原因。对这些行为痕迹的快速反应，有的时候还可以帮助我们避过一些不必要的麻烦。

案例二　行为暴露家庭背景

前年初夏，见一个小伙子，谈合作的事。他一进我办公室，给我的感觉就是打扮得非常随意。虽然穿了西装，但衬衣从上往下数的第二个扣子没有扣。按道理我们两个在谈合作，他跟我是第一次见面，这种着装是有些问题的。

因为我抽烟，他也抽烟，俩人一起边抽边聊。聊完以后，要在桌上铺开一个材料讨论，发现有烟灰撒在了烟灰缸的外边。我说我擦一下吧，就转身去拿纸，结果回身一看，这哥们挺有意思的，他用手指把烟灰拢在了一起，堆在桌上，留出一块干净的地方等着看材料。他既没有把烟灰扫到烟灰缸里，也没有扫到桌角的垃圾桶里。

这种动作很少见，一看就是平时在卫生意识方面是差点意思的。再结合他的着装，我就问他，从小你们家谁当家？是老头还是老太太啊？他看起来犹豫了一下，这又是痕迹，因为他在想这个问题怎么回答。我这个问题并不是什么恶意的问题。他想了想，然后告诉我说，从小父母就分开了。我说：那你是跟爸爸长大的吧？他惊讶地看我一眼，说是。

我告诉他说，我之所以猜你是跟父亲长大的，是因为从概率的角度来说，父亲带大的孩子，在对生活的细节的关注上，通常比母亲单独带大的孩子要差点意思，这从他的着装和刚才用手拢烟灰的动作中能看出来。我说你要是告诉我，是跟妈妈长大的，我反倒会觉得奇怪。他这时候才意识到，一边笑，一边把扣子给扣上了。我说你平时生活中，对这些生活细节不太关注，是吧？他说是。

一个人的家庭背景、成长环境留下的痕迹在他的行为举止中一定会呈现出来。但需要注意的是，有的人在成长经历中是有过很大挫折的，内心有过很大的伤害，在没有建立信任，或者没有找到好的提问方式之前，宁愿不问。

一个让对方不舒服的问题，会严重破坏双方进行沟通和交流的氛围。

案例三　行为特点呈现师传流派

经常听培训课的人不知有没有注意过，有的培训师在最开始上课的时候，会向学员问好，然后要求学员大声回答：好，很好，非常好！这种老师一看就是师承宝岛台湾的培训风格。

这种方式属于培训中很常见的"破冰"或者是调动现场气氛的做法。因为大陆的培训最早是由我国台湾地区的很多培训师带进来的，而且保险公司是在培训领域最早应用这种方式的行业（客观地说，保险公司的基层业务培训体系其实是很成熟的，非常值得其他行业的培训借鉴）。

有很多培训师，在下午刚开始上课的时候，也喜欢让学员做些活动和小游戏，包括互相按摩一下，站起来做个操啥的，免得学员犯困。和问好的方式一样，都是师出同门。

这种方式，从外在角度上说，看起来能较快地调动和活跃课堂状态，帮助学员进入学习氛围。但从内在角度，培训师是把学员当成了未成年人来对待。所以，这种方式对于参加工作不久，或者职业本身特别需要激情的人群（例如保险经纪人）来说，是有效的，但对于比较理性、年龄偏大、阅历丰富的学员来说，效果非常一般。

另外，我国台湾地区的培训师，在课程中和学员交流的时候，比较喜欢用的称呼是：各位。而大陆的培训师比较常用的表达是：大家。

不知各位/大家有没有体会出这两种表述方式背后的差异？前者听起来更正式些，距离感强，多少有点端着的感觉。在职场上，如果和台湾同胞打过交道，就会发现这个特点在他们身上挺明显的。而后者更口语化，和学员的距离感弱，这也是这几年市场上越来越多的本土培训师会采用的表述方式。

客观地说，整体而言，我国台湾地区的培训师在营造培训氛围上会更加着力，对培训技巧的在意程度也相对更高，从行为的特征上分析，"表演"的痕迹相对明显。而大陆本土成长起来的培训师，往往会更聚焦于内容本身，对技巧的在意程度反倒偏低些，在行为特征上，往往更加随意。

案例四　反馈迟滞行为下的心理状态

对方很久没回你的信息这种行为，是不是说明他/她不在意你？单独从这个痕迹来说，这个结论并不准确。有很多人的工作特点，决定了他/她在工作状态下，是不可能回信息的，例如医生、主持人、教师，以及开会时正在发言的管理人员，等等。

但没有回复本身，肯定说明，你所发的信息，在他处理的事情中，重要性排序一定不是第一位的。

所以，没及时回信息本身不是那么重要，重要的是看他再给你回复的时候，是不是会解释自己为什么没有及时回复，原因是否合理，而且解释时有清晰的细节，不是用"刚才有事"这样的方式来回复。

当然，你也可能会发现，他说的内容并不真实，比如，他跟你说当时一直在忙，但你发现在给你回复之前，他在微信上发了个心情帖，上了个美图，之后过了许久才给你回复。显然，忙只是个借口而已。

不过，如果有足够多的细节，哪怕并不真实，说明不管出于什么原因，至少从关系角度来说，他多少还是相对在意的。只是到底是什么原因，就需要你认真想想了。

九、如何训练自己挖掘行为举止痕迹的能力

○ 微微盘道

行为举止的痕迹挖掘其实不困难,但很多人缺乏足够的训练和敏感性,对身边大量的痕迹视而不见,甚至当你告诉他们这是痕迹时,他们都会觉得不理解。

因此,对行为举止的观察技巧,也是需要在平时的生活中多加训练,才能不断提高的。训练对行为举止的观察能力,可以和训练对穿着打扮的观察能力结合起来,利用每天上下班坐公交、地铁的时间,别看手机,多看看身边的人;坐在咖啡馆等人的时候,仔细打量一下店里的顾客;站在街边等红灯的时候,别光顾看美女和帅哥,多瞧瞧那些来来往往的路人……时间长了,感觉就有了。

第四节　言谈表达中的痕迹解读

言谈除了能观察一个人所陈述的事件的真实性,以及发现其内心看待事物的标准之外(具体如何去分析,本书后面部分会做详细介绍),在表达方式上,也会呈现出一些有意思的痕迹。而对这些痕迹的观察和推理,也有助于我们了解一个人过去的经历和某些特征。

言谈中的外在痕迹,除了表达顺序外,还有很重要的一方面是表达方式。表述方式,包括音量、口音、措辞等,都会不经意暴露一个人的经历和习惯。

音量

在沟通中,声音过小的人,往往不够自信。当然,也存在有的人因为其工作和生活环境所形成的小声私语的习惯。要判断是习惯还是因为不自

信引起的，可以提醒对方提高音量。如果对方在用较高的音量说了几句之后，又重新回到声音很小的状态，通常不自信的可能性较高些。

说话声音响亮，既有可能是非常自信，也有可能是很不自信，还有可能是人际敏感性偏低所引发的。为什么特别不自信的人，说话反倒有可能声音响亮呢？是因为他们需要用这种方式来掩盖自己内在的心虚。

按照这个道理，我们就会发现，在讨论问题时，只要别人不同意自己观点马上就会打断对方的人，骨子里都没有看起来那么强大。

在公众场合不顾他人侧目，大声说话的人，即使我们不从道德的角度来评价，至少他们是缺乏对他人感受的关注的。为什么很多中国人走到哪，都是热闹非凡，甚至有很多时候到了招人烦的程度，这跟他们成长过程中，缺乏人际敏感性的训练有关。不信，大家可以看看身边，在公众场合，经常能看到很多孩子大呼小叫，但有多少家长会制止孩子这么做。

对孩子来说，这种喊叫是天性，没有错。但从大人的角度来说，就是没有尽到对孩子的人际敏感进行训练的职责了。也许，有的人会觉得说话声音洪亮代表了自信，但不分场合地大声说话，应该还是与对他人的在意程度有关的。

当然，所谓的声音大还是小，并没有一个用分贝来衡量的绝对标准，主要是根据沟通时的外部环境而定。一个好的沟通者，人际敏感性高的人，应该能够根据外部环境的变化，随时调整自己说话的音量。

而人际敏感性高的人，更容易从对方角度来思考。若是与人际敏感性低的人交往，则要求沟通者有很好的同理心。

口音与方言

隔壁老王说段子

我曾经面试过一个河南的小伙子，开始为了让他放松，和他开玩笑，说了几句河南话。其实河南人一听我的发音,就知道不正宗。但这个小伙子挺高兴,马上就用河南话跟我交流。我说我就会那几句。这个时候,按正常情况,他应该马上说回普通话,结果他还在高高兴兴地用河南话跟我交流,直到讲了一两分钟以后,才意识到不对,又重新转为普通话。

这就暴露出他的人际敏感性偏低,没能在交流中根据对方的情况迅速调整合理的沟通方式,被我带到沟里就出不来了。

○ 微微盘道

口音与年代特点高度相关。年纪较大的操方言者,普通话不好是正常的。但如果方言地区的老同志,能说得一口流利的普通话,其背景中一定会有产生这种结果的重要原因。

同样,在方言的转换上,也会体现一个人内心的自我认知和人际交往中的角色定位。比较典型的是上海人。

不知道你有没有发现,不管在中国和外国的其他城市,只要两个上海人一见面(无论认识还是不认识),他们马上会使用上海话进行交流,哪怕身边还有其他地区的人。而广东人也好,福建人也好,东北人也罢,还是会根据当时所处的语言环境来决定使用方言还是普通话。这种做法背后体现的其实是上海人对自我身份认知的一种高度满足感(这真不是抹黑),这跟上海这个城市这么多年在国内的地位是有关系的。

如面对非本乡人士,在正常使用普通话交流的情况下,因为某些特殊原因改换方言(如接了老家来的电话)之后,不能在短时间内迅速切换回普通话的,有可能体现出的是人际敏感性偏低。

措辞

隔壁老王说段子

有一年，和我的一位好朋友吃饭。他自己开了公司，那天吃饭的时候，带了他的一个顾问过来。这位顾问是他从广东请过来的，每个月到我的朋友公司工作一周左右。顾问是广东人，生在广东，在广东上学，包括上大学，家也安在了广州。吃饭时和她聊天，问她之前的长假去哪玩了。她说哪也没去。我问为何不出去玩，国家给免了路桥费，多好。她说长假去哪玩，人都乌泱乌泱的。

这个措辞就很有意思。乌泱乌泱是形容人多而且乱，典型的北方语言措辞，我作为一个南方人，在到北京上大学之前，对这个词就没什么印象。顾问作为广东人，能熟练使用这个词，其实是蛮有趣的，这就是重要的痕迹。我推测是，她要不曾经在北方有过比较长时间的工作经历，要不就是身边有着关系很密切的北方人，所以长时间和较为密切的沟通，会影响到她的表达习惯。通过和顾问交流，她果然有在东北工作两年的经历。

微微盘道

不同年代和背景下成长起来的人，在措辞上，一定会带有与其年代和背景相适应的特点。例如，一位年过 50 的人，在语言表达中，使用"小清新""小鲜肉"之类的表述，以及能熟练使用网络上刚刚开始流行的非常规表达方式，往往能体现出其对外部事物的关注点和信息获取的方式与习惯。

老王解事

一个人过去的工作和学习经历，在措辞中也会有着明显的痕迹。因此，在进行工作交流时，行业"术语"或"黑话"，是对方在一个行业中浸淫时间长短的非常重要的痕迹体现。例如，做电视节目的人，在讨论节目内容的分段时，常见的术语是节目分成"几啪"（音）。这个"啪"就是英文 PART（部分）的缩写。

所以，在与业内人士进行沟通时，我是非常建议大量使用术语来表达的，这对于双方彼此判断专业功底，有明显的效果。

这些年，和不少在外企工作了很长时间的朋友打交道，发现他们在表达上，有一个比较明显的相似之处，就是会中英文夹杂着来说。其实，这就是他们日常工作中使用最多，也是最舒服的交流方式。这个习惯无所谓对错，但面对不同客户的时候，就需要思考是否需要调整了。从这个调整能力本身，也会体现出表达者的人际敏感性。

在人际沟通中，一个好的沟通者，是一个能做到"让对方听起来很舒服"的人。让对方听起来很舒服，除了内容、观点本身之外，使用的措辞也很重要。越是对方熟悉的措辞，越容易让对方产生亲近感。

这就能解释面对"90后"的大学生，为什么现在越来越多的大学校长在毕业典礼上，会大量采用网络语言来给毕业生做寄语了。这样的表述，让学生们会从抵触情绪调整到放松状态，从而更好地接受表达者的观点。

因此，在措辞的表达上，我们如果能敏锐地捕捉到上述痕迹，对于我们了解他人，是很有帮助的。

措辞表达是语言表达外在痕迹中最重要的一点，一个基本的规律是：一个张嘴闭嘴就把名人名言挂在嘴上的人，一定是内心不自信、不强大的人。这个道理同样适用于微博和微信上泛滥的心灵鸡汤。这就是前文分析过的为什么朋友圈里转的很多文章，标题里会放上些名人的原因。当然，从这些名人出现在类似文章标题中的频率来说，也能推理出他们被神话的程度。所以，就我的观察，虽然柳传志是中国非常厉害的一位企业家，但在互联网受众中，他被追捧的程度是要低一些的。

在本书讲述刺激的部分，我使用了一个词，这个词能很清晰地表明我是南方人。读者如果有兴趣，可以看看自己能不能发现这个词。

☆ 开个茅塞

茅塞一根草：谁的影响更大

茅塞开花：思考这样一个问题：假定你是个"90后"（或许就是），以下两种情况，一是你的学校请了任正非，代表校方来给学生做毕业讲话，任正非使用的是他那个年代的语言，没有刻意使用"90后"所熟悉的表达方式；二是你们的校长给大家做毕业寄语，大量使用了"90后"熟悉的时代语言来谈自己的观点，哪种情况学生们更容易接受？

我会认为任正非的影响更大。因为任正非对学生们来说，充满神秘感，所以更容易影响学生；而校长在大学期间，作为管理方的代表——通常读书时，校方作为管理者，让学生觉得就是对立面的敌人。而且毕业典礼，很多学生参加的兴趣并不足，尽管校长尽全力使用学生们喜闻乐见的表达方式，也只能做到让学生从高戒备状态调整到放松状态，对学生的影响和任正非的影响相比，还是会有差距的。

问题的本质并不在于表达者的表达技巧和能力区别，而在于台上讲话的人在听众心目中的角色。

茅塞两根草：您和你的区别

茅塞开花：显然，在日常交流中，对这两个字的使用，能比较清楚地体现出对方是个南方人还是北方人。正宗南方人在日常交流中，是基本不使用"您"的，哪怕对长辈，也是使用"你"来称呼。而北方人对于这两个字的使用，则有明显的区别。

当然，随着南人北上和北人南下，现在也有越来越多的南方人在表达时，会注意用"您"了。不过，能做出这样调整的南方人，一般会有两个特点：一是人际敏感性比较高，二是和北方人打交道比较多。有兴趣的读者不妨去验证一下。原因就是我们前面谈到的，环境的弱刺激，会慢慢塑造或改变一个人的习惯。

茅塞三根草：不同称呼背后的心理状态

茅塞开花：我有位朋友，孩子五岁左右，小孩有大名、小名和英文名。她平时会用英文名来招呼孩子，但有的时候会用中文小名，而有的时候则会用大名来叫自己的孩子。

当孩子很乖，或正常交流时，她使用的习惯称谓是中文小名。当孩子表现开始出现逾越规则，或者需要提醒孩子的时候，她会用英文名。如果孩子不听话，需要很严肃地向孩子表明态度时，她就会叫孩子的大名了。经过这么训练的小孩，从妈妈对自己的称谓中，就很清楚地明白目前母亲的心理状态。

想想看，小时候父母叫你大名的时候，是不是瞬间就感受到了背后传来的嗖嗖的寒意？

四、语气

语气也是一个人在表述时明显的外在痕迹。慷慨激昂的语气，会体现出一个人平时的表达习惯和当时的心理状态。

通常，在年轻人中，慷慨激昂的人比较容易有影响他人的欲望和倾向性。而年龄较长的人，因为生活的磨砺，往往会将这种激昂的情绪以相对平实的方式呈现出来。所谓一个人性子比较急，通常我们就是从他说话的语速和语气中得到判断的。

同时，一个人是否有自信，除音量和表达的措辞之外，在语气中也会有所体现。通常升调表示不确认或疑惑，降调表示肯定。所以使用升调的语气，但表述的内容却很肯定时，就属于痕迹中的疑点了。

不信？你可以分别用重音在前、在后，升调和降调的语气说一遍：我去！感知到其中的差别了吗？

第六章 外在痕迹多，读懂很欢乐

☆ ☆ 开个茅塞

说到自信，也是观察一个人时往往需要判断的特质之一。这里我们需要了解，一个人的自信来自于哪里。也许有人会觉得，自信来自于他人的认同，或者自信来自于外界的鼓励。其实，这都不是自信的真正来源。我们的自信，来自于过去成功的经历。成功的经历越多，人自信程度就越高。当然，过于自信的人，容易走向另一个极端：自负。这也是为什么过去经历特别牛的人，创业失败概率反倒较高的原因之一，就在于自负影响到了他们对他人逆耳忠言的听取。

所以，从孩子的教育来说，如果要帮孩子建立自信，就要让他们做一件事，就能成一件事，而不是半途而废；要给他们定合理而不是过度的目标，这样他们才能从不断的成功中建立起对自己的信心。

同样，这个道理也可以应用于判断一个人的过往经历。例如，在男女交往中，如果一方发现另一方在控制双方的关系上很有自信（不是不在乎），也可以推理出对方过去在这方面的经历比较多，也是有成功的经验的。

五、语速、重复和停顿

1. 语速

z^{zz} 隔壁老王说段子

我 27 岁的时候，被聘为集团人力资源部的副总，这个记录基本上算是空前绝后了。客观地说，这并不是因为我能力强，而是赶上机会而已。刚开始做的时候，肯定不成熟啊。过了几年之后，一次很偶然的机会，某公司领导在跟我的领导交流时，给我的评价，还是说我不成熟。之后没多久，有次和我的领导吃饭时，她聊起了这个评价。我说，我觉得自己还好啊，考虑问题也算周到和全面，她也觉得和同龄的人相比，我的成熟度还是很高的，也没搞明白为什么某公司领导会这么评价。后来分析了一下，我们俩一致认为重要的原因之一是，当时我有一个很大的特点，就是说话语速太快，即使在领导面前，语速也很快。

所以，为了不让他人再产生这样的想法，我后来讲话的语速就有意识地慢了下来，中间也会加上不少停顿，这样，一个成熟的男人就被塑造出来了……当然，讲得慢，也跟年龄大了，气喘不上来有关系……

○ 微微盘道

应该说语速快并不代表不成熟，但是，从听众的角度来说，很多人会觉得你语速快就是老想表现，或者说表现自己的欲望很强，会缺乏足够的耐心；而表现欲强和缺少耐心，不就是不成熟的表现吗？所以，很多人会下意识地把语速快与不成熟画等号。这个逻辑推理并不成立，但问题是很多人就是这种感知模式。

2. 重复和停顿

○ 微言无忌

有的人在你和他交流的时候，非常喜欢把你问的问题再重复一遍。

你问他：那个报告写完了吗？

他：你问那个报告啊，还没呢，还差几页。

你：还差多少啊？

他：还差多少啊？差大概五六页吧。

你：差哪些内容啊？

他：差哪些啊？差巴拉巴拉……

☆ 老王解事

沟通的一方这么重复，背后其实体现出他在对这个问题进行思考。不要觉得烦，这时你得想想，这人的脑子到底能不能搞定这项工作？或者，他做这件事似乎很谨慎，原因是什么？

说话过程中，重复和停顿也是重要的痕迹之一。一般而言，重复和停顿的动作，代表了谨慎的情绪；或者反映出的是表达者头脑中尚未有清晰的思路（在正常人际交往中，一些思考反应速度较慢的人，就容易出现重复性表达）。也有另外一种可能，就是心不在焉。不过，心不在焉的人，一般只是在个别句子或问题上有重复，因为他们感觉听得不是特有把握。

至于表达过程中的停顿，和上述的重复也很相似。不过，从另外一个角度来说，适当的停顿，也会影响别人对表达者的感性判断。

☆ 开个茅塞

讲话时重复对方的话这事，在生活中还有一个非常好玩的典型场景，有兴趣的读者可以观察一下。两口子在吵架的时候，一方指责另一方说：你真自私！

对方：我自私？我要是自私会如何如何吗？我看不是我自私，是你心胸狭隘！

一方：我心胸狭隘？明明是你如何如何……此处省略一万字……

这种吵架模式，说明双方对这次吵架的重视程度很高，重复代表了对对方提出的观点都在做认真的思考和反思。

从潜意识角度来说，不管当前感情状态如何，至少还是重视对方的感受的。如果吵架模式发展到以下问答状态，就需要双方冷静考虑是不是情感已经受损了。

一方：你就是个自私的人！我如何如何，你如何如何（此处省略一万字）。

另一方：随你说好了。

一方：你不光自私，你还小肚鸡肠！

另一方：什么？

一方：小肚鸡肠！

另一方：行，我小肚鸡肠。我懒得跟你说。我想静静。

一方：静静是谁！（此处省略一万字及后续场景描述）

第五节　关于外在痕迹的小结

一个人的外在痕迹很多，相对而言还是比较容易观察到的。我们很多人之所以看不到这些痕迹，是因为缺乏足够的训练，没有保持很好的对痕迹的敏感性。通过坚持不懈的练习，这种痕迹捕捉能力的提高自己应该能明显感受到。

外在痕迹对看人很有帮助，但在反映一个人根本的价值观方面，还不够直接。更直接的是下面要讲到的，语言表达中的内在痕迹。

第七章
CHAPTER 7

捕捉内在痕迹，发现心中奥秘

第一节 事实与观点

◯ 微微小测试

在讲述内在痕迹解读之前,先做一个小测试:

假如有一个地方报纸的记者,写了一篇文章,说某明星脾气不好,耍大牌。该明星则撰文反驳,表示记者的职业素质太低,问的问题没水平。请问,你更相信谁?为什么?

相信一定有很多人会选择相信记者,当然也会有很多人相信明星。这是发生在前几年的一个真实的事情,记者好像是苏州的一家地方报纸的。至于明星,就不提名字了。

为什么同样一件事,不同的人会产生明显相反的结论?

☆ 老王解事

说话的内容体现了什么

在对他人进行判断时,除了外在痕迹以外,还有一个很重要的痕迹:在说话过程中暴露出的一个人看待事物的标准,也就是我们讲到的内在痕迹。

所谓"锣鼓听音,说话听声",就是从一个人的表述中,了解其内心的真实想法,以及产生这种想法背后的原因。从这点上说,"善解人意"

的人，就是能够自觉或不自觉地快速体会和理解对方的想法，并且在沟通中让对方感觉舒服的人。

为什么同样的事，不同的人看法不一

这个世界多样性的表现之一，就是同样的事物，不同的人观点迥异。是什么导致了不同的人对同一事物的看法有巨大差异？

答案是：每个人看待问题的标准不一样。那什么是标准？就是一个人内心对外部世界的评价方法和基准。这个基准和评价方法，其实体现的就是一个人的价值观。

例如，同样一个人，有的人会觉得他/她好看，有的人觉得不好看。就是因为标准不一样。很多年前，国内有一个模特，用我们的审美来看，真是连一般水平都不如。虽然模特长得太美，会让观众把目光从服装本身偏移到了脸上，但对国外给予这位名模"东方美人"的名号，估计很多中国人还是无法认同的。

我们说的话，包括了什么

那么，如何在交流中发现对方看待问题的标准呢？在回答这个问题之前，我们先来看看，每个人说的话，里面到底包括了哪些内容。

我们每个人说的每句话，无非包含以下两种内容：一是事实，或者是我们以为的事实，或者是我们希望对方接受的事实（包括说假话），二是观点（包括情感），如图 7-1 所示。

```
        主观看法              客观描述
        ←─────────────────────→
        情感/观点              事件事实
```

图 7-1

就在写这部分的几天里，发生的一个新闻事件是歌手姚贝娜去世，网上传出了一篇文章，描述记者像准备捕食的秃鹫一样，等在病房门口，随时准备发消息的文章。那篇文章对记者的评价其实是很负面的，但很感性，发表之后在朋友圈里有大量的转载。

同时，还有一位老将军去世，马上又有人把两件事放在一起做点评，得出的结论是这个社会如何如何，也获得了很多人的转发。说老实话，前面那篇文章，还不能说一无是处，只不过是站在某个立场来看问题；而后面的文章，则充满了感性和煽动的色彩，基本没有事实的分析，非常缺乏逻辑。

说话听声听什么

对表述内容有了基本的分类之后，在交流中，对对方所讲述的内容进行判断时，要点就很清晰了：一是要判断其内容的真假，二是判断对方表述的内容背后所体现出来的看待问题的标准，也就是：事实辨真假，观点定标准。

因为一个人看待问题的标准，是由其"三观"和过去的经历所决定的，这就意味着通过把握对方评价事物的标准，可以比较准确地了解其行为背后的意识和看法，从而对他未来的行为和观点做出预判。

一篇文章，一个观点，如果要站得住脚，必须要既有事实，又有观点。并且事实和观点之间，是有着清晰的逻辑的，而逻辑通常也体现在观点中。几年前，前央视记者柴静写了一本书：《看见》。之后，另外一个著名评论员董路发表了一篇文章，对柴静进行批评。董路之后，演员姚晨也发表了一篇博文挺柴静。如果读者有兴趣的话，可以看看董路和姚晨的文章里面，到底是事实多，还是观点多，事实和观点之间是不是有着清晰的逻辑联系。

当我们听一个人在陈述时，先不要急于去否定他的观点，而要先去想，他讲的是不是事实，是不是有严密的逻辑，是不是用事实加逻辑的方式来证明自己的观点，还是仅仅是一种情感的宣泄。

如果是情感的宣泄，其实没有太大讨论的必要，因为每个人的观点和立场不一样，你有你的，我有我的，不基于事实的观点，要达成一致，是很困难的。从董路发表长微博后的跟帖可以看得出，现在很多人看问题是相当不理性的。

有了这样的基本思路，再去对各种观点进行判断，就能做到不被看似"唬人"的理论所误导。

如果我们希望自己能在这个"谣言与真相齐飞，谬论与真知一色"的世界中保持清醒和理性的头脑，不轻信，不误判，就需要学会从对方表述的内容中辨识事实的真假，发现对方看待问题的标准。

开个茅塞

茅塞一根草：为什么女友总是说我不会聊天

茅塞开花：根据每个人说话内容的两个部分，我们会发现，在沟通中，有一个很有意思的现象：听众中，有的人关注事实，有的人关注观点或情感。

对于关注事实的听众来说，他听到对方表述内容后的下意识反应通常是：事情真的是这样吗？为什么会这样？有没有更好的解决办法？这类人，男性居多，理性思维的特点比较明显，最典型的就是工科男。

而对于关注观点或情感的听众来说，他首先的反应是：是啊，怎么能这样呢？或者，人家这样也没错啊！换句话说，是从对方的情绪角度来表示附和或者反对。这类人，女性居多，感性思维的特点更明显，比较典型的是文科女。

两种思维模式的人在一起沟通时，双方便会产生沟通不畅的感受。

当关注事实的人在表述之后，他发现，自己似乎不能获得对方给予的太多的实质性建议，而只是情感上的认同或支持，沟通的效率不高。而对方潜意识的判断，其实是：这些事还得你自己面对，我能做的，只有情感上的支持啊。

当关注观点或情感的人在表述之后，他会发现，对方总是在帮自己找问题的原因，解决的办法，而这些问题又解决不了，可是自己需要的情感上的附和与理解，却得不到回应，跟这样的人聊天，真是无趣。但对方的潜意识是：我们只有找到问题的原因并且找到解决问题的办法，才能真正解决情绪上的困扰啊。

相比较而言，第一种情况下，表述者的感受还好，虽然表述者觉得沟通效率不高，但至少还有情感上的支持；而第二种情况下，表述者的感受就会很糟，因为他本身就只是宣泄，希望获得的是情绪上的理解与支持，根本没有耐心和对方去讨论事情本身。

因此，一个好的沟通者，应该能够准确判断出对方在与你进行交流时，需要的是找到解决问题的办法，还是仅仅需要情感的宣泄，从而采取不同的表达与回应策略。在这方面比较容易体现出优势的，是经过工科思维模式训练的女性，和文科思维模式的男性。

不过，话说回来，这个道理说起来容易，做起来其实很困难。因为成年人的思维模式通常已经定型，在听到外部的信息时，一般都是下意识地会使用自己固有的思维模式来对对方进行回应。

彼此多理解吧。

茅塞两根草：如何判断培训内容是否靠谱？

茅塞开花：同样，按照先事实，再观点的方法去听很多"大师"的培训，就会发现有多不靠谱。

我总结了一下，"××大师"进行忽悠的常见思路是：先给一个观点，这个观点不能有明显瑕疵，或者要乍一听，还挺有道理的。然后，就会编造出一个故事来证明这个观点。而实际上，这个故事在现实中根本不存在。遗憾的是，很多人并没有对这个故事进行理性的判断，反倒会把这些编出来的故事信以为真，从而接受了那些似是而非的观点。

最典型的一个理论,就是"温水煮青蛙"了。客观地讲,这个观点本身我倒是觉得没有什么问题,但这个故事本身其实是不太经得起推敲的。

哺乳动物对高温的耐受力,是经过多年自然选择才形成的,根本不可能说是水温升高却感知不到。青蛙是冷血动物,体温会随着外部温度的变化而变化,换句话说,如果外界的温度非常缓慢上升,青蛙的确会慢慢适应,降低它的应激性,当超过它的可承受的临界高温时,它会丧失行动能力。但温度升高的方式,肯定不能是"煮"的方式。相关的实验,有兴趣的读者可以自行上网搜索。

当然,如果把这个作为寓言来说明问题,那还是很好的案例。但现在培训领域一个很大的问题,就是不少培训师会把寓言当成了真事来讲述。

第二节 判断真假的思路

○ 微微无忌

听过一个故事,说是一个老板开公司,挣了很多钱,然后就开始在外头花天酒地。他太太没工作,在家是全职太太,每天老盯着他,盯得很紧,搞得他很烦。后来他想了一招,开了一个饭店,让他太太做总经理,然后跟他身边的朋友说,麻烦你们去那吃饭,吃完饭把发票给我,我给你报销。白吃谁不去啊?而且还是给朋友捧场。这样,从饭店开始营业,顾客就不少,因为饭菜做得还可以,饭店人气便旺起来。在外面吃饭的人,看到店里人挺多,就会愿意进去试试。结果一来二去,这饭店的生意还就做起来了。

经营饭店是一件特别劳心的事,要晚睡早起,饭店慢慢做起来之后,他太太也找到了成就感,更愿意在饭店上多花时间了,一天到晚都待在店里,精力基本上就被饭店给拴死了,根本没时间管他,甚至有的时候还住在店里。从此之后,这位老板就获得了人生的自由。

这真是个案例,还只是个编出来的故事?傻傻分不清楚。

☆老王解事

判断真假靠经验吗

我们很多人判断真假,不是依据逻辑,而是依据自己的人生经历,这会导致判断的结果有很大的偏差。

上面的故事是我的一个同学讲的真实的事情。开始听到,也是挺震惊的。原因在于如果没有人告诉我这样的事情,我觉得自己无论如何也不可能想到这样的做法,因为我们没有和这位老板相似的人生体验。

自己出来创业以后,接触的人越来越多,和原来在公司里打交道的人差别很大,才发现有的人的人生经历真的是自己不可以想象的。

所以,当我们需要对事物的真假进行判断时,仅仅基于自己的生活经验来判断真假,是有很大问题的。就像本书的题记所云:当我们以为自己懂得了世界,也许,我们知道的其实仅仅是世界的皮毛。

真正更准确的判断真假的思维模式是进行逻辑推理,而不是只依赖于我们自己所拥有的经验,哪怕是看过或听过类似的事情。毕竟,这个世界之大,远远超过我们的想象和个体的认知。

判断真假的两种逻辑方式

对于对方陈述的事实,在交流中,要做的是判断真假。理论上判断事物的真假,有两种逻辑方式,一种为验真,一种为辨伪。

所谓验真,就是用其他客观方式来证明对方陈述的事件是真实的。例如,我说自己毕业于清华大学,要判断我讲的是真话还是假话,最准确的方式,是到学校去查我的学籍,真假立现。

所谓辨伪,则是我们首先假设对方陈述的事实是不真实的,通过不断寻找各种纰漏来进行验证。当我们无法找到纰漏时，则认为对方陈述的事情不假。

很显然，验真的效力要明显高于辨伪的效力。但遗憾的是，在生活中，对于绝大多数事情，我们因为没有有效的方法进行验真，只能采取辨伪的方法。

比如，我说自己曾经取得过什么样的成就，做过哪些事情，这些事情很难用验真的方式来判断，只能通过对我表述的内容进行分析。

使用辨伪的方式来判断时，一个可能会影响我们判断能力的因素，是我们的心态。我在交流中，比较喜欢的思考模式是批判性吸收。批判意味着我要想办法找到你表述中的问题并进行挑战，吸收意味着挑战的目的，还是要汲取你所表述的内容中合理、正确、对我有价值的内容。这实际上是不轻信、不盲从的态度。

批判性吸收的交流态度，就是不与人为善吗

在生活中，我发现有很多人对此会持不同看法，因为他们会认为，这种做法是假设了对方说的是假话，从出发点来说，就不是与人为善的做法。对这个观点，我个人觉得也是值得商榷的。

如果仅仅是生活或工作中的一般性交流，这么做没有问题，讲得更直白些，对方讲的是真是假，又有多大关系呢？但如果是在一些非常正式的交流中，例如商业谈判、管理沟通、面试等人际交流中，反对者的这种心态会严重影响到对事物的判断。

当我们假定一件事不真实，和我们假定一件事是真的，在提问的出发点和问题设计上，都会有很大区别。如果我们假定对方讲述的内容不真实，我们通常会用更苛刻的标准，在细节和逻辑上来挑战对方，而经过这种挑战的表述，真实性一定是比较高的。但如果我们假定对方讲的是真的，就很容易降低了对真实性进行衡量的标准。

第三节　判断真假的方法

一、细节辨伪

Zzz 隔壁老王说段子

在讲述具体如何判断事情真假之前，先问诸位这样一个问题：大家肯定都见过猪，那猪在奔跑的过程中，尾巴尖朝哪个方向呢？

这个问题这些年我在上课时问了很多次，学员的回答基本上都是瞎猜。这事谁知道？这事只有——猪知道。当然，现在我也知道一点点了。

虽然问题我提出了很久，但其实我原来也一直不知道答案，直到大前年，带儿子去玩，见到了一群猪，想想正好观察一下。结果一看才发现，这个问题本身就问得很不严谨。因为猪的奔跑是有不同状态的，有愉快地跑，有惊恐地跑，也有愤怒地跑。那天天高气爽，云淡风轻，气候宜猪，猪们的情绪应该不错，跑动起来速度不快，浑身上下的肉有节奏地颤动着，应该属于愉快奔跑的类型。我仔细看了五六头，发现它们的尾巴尖居然是朝前的，也就是朝着头部的方向。声明一下，这些猪都是一个品种，我不敢说别的类型的猪也是如此。

其实，大家都见过猪，但为什么说不上来答案呢？因为……我们不是猪，所以没有足够多的细节感知。

从这个例子，其实就引申出判断真假的第一种方法了：细节辨伪。

◯°° 微微盘道

我们对事物的感知和看法，和我们与事物接触的程度有关系。接触越多，对细节的感知也就越多。我们常说一个人在某些方面很有经验，就是因为这样的人因为对某类事物接触很多，所以他们可以感知到其他人无法遇到的各种细节。因此，如果我们希望对表述者所讲述的事件真假进行判断时，询问细节就是非常好的方法。（细想一下，警察审犯人，是不是也用的是同样套路？）

☆☆ 老王解事

询问细节的两种方法

在实际应用中，如何去询问细节呢？常见的有两种方法。一种方法叫 5W1H。所谓 5W1H，就是时间、地点、人物、原因、内容和如何发生的。用这种分类方式提问，可以比较有效地了解到事件的全貌和各方面的细节。

第二种方法叫流程式探询。最典型的提问方式就是：后来呢？后来又怎样了？这种方式可以按照事件发展的脉络，把整个事情完整地梳理出来。但使用这种方式时需要注意，如果提问的口吻很生硬，会让对方有被讯问的感觉，非常不爽，你们之间很容易就没有后来了。

所以，可以采用的提问方式是用角色代入法或猜测法，这样会让对方感觉到你并不是从局外人的角度来审视这件事，而是作为他的朋友在发表自己的感受。具体用下面两段话来说明一下。

1. 角色代入法：

甲：当时我老板就当着那么多人面骂我，太不爽了，何况这事跟我还没啥关系！

乙：是吗？那要是我，肯定跟他翻脸，当时就得跟他急，他凭啥说咱啊！

甲：我倒没有。我觉得自己还没想辞职，当时要是闹翻了，后面很难挽回，所以我就心字头上一把刀——忍了。

乙：是吗？你真行。换我，我肯定忍不了。那后来你没再找他？

甲：那肯定得找啊。骂我的事算了，但这黑锅我不能总背着啊。所以后来我就……

2. 猜测法：

甲：当时我老板就当着那么多人面骂我，太不爽了，何况这事跟我还没啥关系！

乙：那你当时一定跟他辩解了吧！

甲：没有，我是觉得毕竟当着这么多人，要是让他发现自己错了，后面可能更麻烦。

乙：那你当时就忍了，没回嘴？

甲：是啊。很不爽。

乙：后来去找他了吧？

甲：那必须的！骂我的事算了，但这黑锅我不能总背着啊。所以后来我就……

上述两种方式都能有助于让表达者愿意把事件的具体细节慢慢呈现出来。这两种方式并不矛盾，在现实中，通常是要结合在一起使用的。

如果讲述者在表达的过程中，非常流畅地将各种细节陈述出来，并且细节之间并没有逻辑上的矛盾，一般来说，真实性是比较高的。

说假话时的细节特征

而如果对方讲的是假话，在细节上，则往往会出现很有意思的两种截然相反的情况。

1. 不谈细节

不谈细节又有两种情况：回避细节和跳过细节。

（1）回避细节

回避细节的做法是装听不见，顾左右而言他，甚至拒绝回答。因为对绝大多数人来说，说假话的时候是心虚的，往往不会直接回应问题，而是采取回避的态度，不予正面回应。之所以说是绝大多数人而不是所有人心虚，是因为经过特殊训练或假话成瘾的人，真有可能做到在说假话时自己都当真了。

例如，"备胎"问"女神"：你不是说好今晚咱俩一起去看电影吗？怎么要改啊？

女神：我要加班啊，领导临时安排的，没办法。

备胎：什么事那么急啊？估计要到几点？要不要我去接你？

女神：不就工作上那点破事呗。到几点我也不知道。你不用接了，我有同事一起走。

备胎：哪个同事啊？是婷婷吗？你们两个女生，加班太晚不安全，我还是去接你吧。

女神：不是婷婷，说了你也不认识。哎呀，你问那么多，烦不烦啊！

备胎：好吧……

"备胎"不断询问细节，而且使用了猜测法让提问不至于太过锋芒，但"女神"没有给出任何细节。所以……希望这段文字对"备胎"有启发。

（2）跳过细节

说假话在细节上的第二种情况是跳过细节。与回避细节相比，跳过细节不是不谈细节，而是只做笼统表述，听起来好像有细节，但仔细一琢磨，其实细节是不清晰的。这种方式的表达，如果倾听者没有仔细辨别，是很容易轻信的。

这种情况在现实中，特别是在招聘中也很常见。

面试官：给我讲讲你大学期间最有成就感的一件事吧。

候选人：大三的时候，我负责系学生会的外联工作。当时我们系要组织一个职业规划大赛，我的任务是负责拉赞助，主要是解决获奖者的奖品。说老实话，我们学校不是特别好的高校，也没什么名气，所以一般企业不太愿意给我们出赞助。我费了很大力气，找到一个原来我们系毕业的校友，现在自己开公司，做得还挺大，然后花了不少时间找到他的联系方式,联系上他,动之以情,到他办公室去了两趟,他公司离我们学校还很远,后来他终于同意了,给我们提供了 3 000 块的赞助。这事我觉得挺有成就感的。

在面试中,很多面试官此时就会开始追问"那你觉得从这件事中,你得到了什么收获"之类的问题。从提问技巧来说,这个问题问得太早了,因为我们还没确认此事的真假。虽然候选人看似给出了具体的描述,但缺乏细节的支撑,甚至可以说基本没有细节,所以,如果要验证此事的真假,面试官应该追问以下问题:

- 你们开始的预算需要多少钱?
- 你找到校友之前,有没有找过别的企业?
- 那些企业是怎么回应你的?
- 你当时受什么启发,才会想到找校友?
- 你怎么知道这个校友的?
- 他离开学校多久了?
- 现在做什么企业?
- 规模大概有多大?
- 你怎么找到他的联系方式的?
- 从你们学校到他们公司有多远?
- 他们公司在哪里?
- 你怎么去的?
- 是一个人去的吗?
- 跟他聊了多长时间?
- 最开始他什么态度?
- 你具体是怎么跟他说的才打动的他?
- 最后为什么他愿意给你们 3 000 块,既然你那么辛苦,你没跟他多要点吗?
- ……

上述问题，基本都是对具体细节的提问，候选人没有太多个人的思考过程，所以，这十几个问题问完，如果这件事是候选人编造的，基本上是扛不过去的。哪怕是候选人只是其中的参与者，真正的主持者另有其人，比如，去公司的时候，候选人只是跟着一起去了而已，这些问题下来，也能看出真假来了。

话说回来，如果候选人讲的是假话，经过这么连续的细节追问都能毫无破绽，那建议企业也招了吧，绝对是个非常聪明的人。

在对细节的观察上，需要把握一个原则：受刺激越深，细节应该越多。所以，陈述者讲述的都是自己亲身经历的代表性事件时，例如最××的事，或者第一次××的事，就意味着这些事情的刺激强度是很高的，如果没有足够的细节来支撑，其真实性就要大打折扣了。

（3）细节过度清晰

讲假话的人，在细节的回应上，除了前面说的不谈细节外，还有一种可能，就是细节过度清晰了。虽然我们说一个人只有亲身经历，才会有足够多的细节感知，但这不代表所有细节我们都能在头脑中留下印象。

例如，对很多读者来说，婚礼是人生中的大事之一（属于本书前面讲到的强刺激），如果有人问你婚礼酒席办了几桌，来了大概多少人，喝的什么酒，酒席的花费大概是多少，只要这件事是新郎新娘亲自操办的，一定能说得上来。如果说不上来，不代表没举办婚礼，只能说明新人基本上就是去剪彩的，操办的事都是家人给代劳了。

但即使对于亲自操办婚礼的新人来说，你如果问他"婚礼那天上菜的顺序""婚礼那天，有多少亲戚朋友带了孩子"这些问题，估计就算是上个月结婚的新人，都不一定能说得出来。如果能说出来，其实就很奇怪了，因为这不符合大多数人对细节感知的习惯。

这种情况下，对方讲述的事件的真实性就要打个大大的问号。因为，这很有可能是对方为了准备你对细节的追问，而在头脑中提前设计好的。

☆ 开个茅塞

掌握了这个原理,我们再去看看这些年被报道出来的重大冤假错案,就会发现,被逼供的受冤者,他们往往给出的细节是过度的,是不合常理的。

因为逼供的警察需要用细节来证明他们抓对了人,而受冤者如果不给足够的细节,就无法摆脱受刑的状况,那就只有在脑子里瞎编了。希望这个原理,对于今后建立一个真正的法治社会,尽可能减少冤假错案能有帮助吧。

二、逻辑验证

○ 微微无忌

我曾在微博上看见国内某小众运动的国家队队长坐头等舱的自拍照,就评论了一句:头等舱啊。结果这队长还回应了一下:怎么了?有问题吗?

作为曾在体制内工作了将近10年的人,我来分析一下这里的问题吧。这个队长按级别只是处级干部,无论按照公务员还是事业单位的出差管理规定,单位根本不可能给报销头等舱。他的收入水平,要支付头等舱费用,可能性也不大。因为他们是小众运动,赞助不多,靠奖金方式有很高的收入,也不现实。

那结论是什么,不好说,但肯定是有点点问题的。

☆ 老王解事

判断事实真假的第二种方法,叫逻辑验证。

绝大多数事情,不管是否常见,在前后的逻辑上,应该是有一致性的。因此,对表述者所讲述内容进行逻辑的前后一致性进行验证,是判断真假的重要推断方式之一。

比如，还是头等舱问题。国内某著名慈善家，高调做慈善，大力倡导节约，可就是2013年我出差的时候，看见他在经济舱并未满员的情况下，乘坐的是头等舱。不是说他坐头等舱不对，而是他所倡导的理念与他实际的行为在逻辑上不一致，这就容易让人质疑他所表述的内容的真实性，甚至不得不让人思考他做慈善的动机。

逻辑验证，其实是我们每个人在生活中都会去应用的，区别只是在于不同的人的逻辑推理能力的差异。我们进行逻辑判断时，其基本的判断原则是"常情"与"常理"。

1. 常情

"常情"是本书前面所讲到的人性的三个层面的基本规律，像是长时间伏案工作，颈椎可能会不好；漂亮、各方面条件都不错的女性，对于自身另一半的期望值，通常要高于长相一般、各方面条件也一般的女性。这些都是符合人性的。一旦一个人的言行不合人性时，我们就要关注其所表述内容的真假和背后隐匿的原因。

2. 常理

常理就是大多数情况下事物变化的基本规则。例如，北京刮大风了，空气就会好些。

逻辑验证，通常可以从四个角度展开：

（1）前后话语之间的逻辑验证。

前后话语，不一定是前后脚说出来的内容，也可以是前两天说的和今天说的内容之间的比对。但因为有时间间隔，情况可能的确发生了变化，所以逻辑上不一致时，一定要找到产生不一致的原因，这样才能准确判断真假。

（2）言语和行为之间的不一致。

像前面提到的某慈善家的例子。如果逻辑不一致，其动机或真实性都是需要质疑的。

（3）行为和行为之间的不一致。

比如一个人一贯遵纪守法，老实巴交，但有一天听说他杀了人，也务必要搞明白原因。因为结果无非两种，一是消息不真实，二是他的确杀人，但背后有着天大的隐情。

（4）言语行为和其身份之间的逻辑一致性。

就像前面吐槽的那个队长一样。如果一个人言语行为与其身份大相径庭，就不合常理了。

☆ 开个茅塞

利用人性和痕迹理论，通过逻辑验证，我们在生活中是可以对很多人和事物进行有效判断的。这些年流行的很多"大师"，鼓吹一些看起来似是而非的理论，借机骗钱敛财。要判断这些"大师"是大忽悠还是大骗子，非常简单的一个方法，就是看这个人是不是敢把过去的职业成长经历公布出来。

大忽悠和大骗子的区别，在我看来，前者讲的东西属于不靠谱，但他个人的经历倒未必是假的；后者则纯属造假胡说。不管在什么国家和社会，没有一个人生下来就被称为天才。所谓的天才，一定是要有过去的经历去证明的。

至于如何判断一个人是不是大忽悠，相对来说要困难些，需要多听听不同的意见，在运用逻辑推理的方式进行判断时，往往还需要我们具备一定的专业知识。

三、术语法

判断事实真假的第三种方法，叫术语法。

所谓术语，就是在某个领域内的特定用语。这一点，在前面讲述的语言表达中的痕迹里已经谈到。

一个人在某个领域内浸淫多年,他对行业术语运用的熟练程度,也与从事相关行业的时间长短相关。所以,在一个人谈过往经历时,通过对术语运用的熟练程度,可以在很大程度上佐证其行业经历的真假。

当然,如果某些行业术语已经成为行业之外的人都熟知的措辞时,术语法的效力就降低了。比如"WiFi",这个词最早出现的时候,一定只是专业领域内的人才理解,但现在,不知道这个词的意思的人,恐怕越来越少了。

四、填空法

判断事实真假的第四种方法,叫填空法。

所谓填空法,就是在表达过程中,有意识地空出某些关键词,例如人名、地名、事件名称等,然后让对方来填写完整。真正有过相关经历的人,应该能把重要的细节补充完整。假定你要买车,在4S店和一个号称在汽车销售行业工作了10年的销售交流,你在下面表述中所空缺的内容,他按道理是一定能填上来的。

你:对了,北京是从201……年开始限购,对这款车的销售有影响吗?

在说到"201"之后,可以适当重复、停顿,这时,对方应该能清晰地接上:2011年。如果对方不接,则可以直接把这个填空题转变为向对方的提问:还记得北京市的限行是哪年开始的吗?

因此,填空法,我们也可以理解为另外一种细节探询的方法,只不过在使用技巧上,转变为相对更温和的方式。

这里需要补充的是,我们在交流中,有的时候,对方在回答问题答到一半的时候,出现了短暂的沉默,比如停顿了两三秒,很多人此时无法忍受沉默的气氛,会马上接对方的话。

在一般性的人际交往中,这种做法没有任何问题,但如果你希望从对方的回答中进行判断时,这种做法会在一定程度上使你丧失了一个可观察的痕迹。因此，以后如果希望在交流中对对方进行判断（最典型的就是面试），遇到对方没有讲完而中断沉默时，你要做的事情就是忍着。等对方把话续上，也许会有一些你之前可能想不到的发现。

五、现实生活中判断真假的意义

在现实生活中，大多数情况下，如果不是故意欺骗，我们面对的通常不是去判断到底是黑还是白这么极端的问题，更多的是判断到底是浅灰还是深灰。

从这个意义上说，没有绝对的对错，差别只是在于我们所认知的事实，和真相之间的距离。显然，离真相越近，我们对周边的世界、对他人的认知就越客观。

第四节　只要你说话，便知你想啥

○°°° 微微无忌

我讲恋爱心理学课的时候，会推荐恋爱中的情侣们去看看《单身男女》这部片子，虽然应该算是部很狗血的片子，但对于谈恋爱的人来说，从了解对方的角度，是一个不错的载体。

在看的过程中，可以问问对方，你要是程子欣（高圆圆饰），会选张申然（古天乐饰），还是选方启宏（吴彦祖饰）啊？为什么呢？

从女性对这个问题的回答中，是可以比较清晰地观察到其择偶的标准的。因为这是评价他人的问题，虽然使用的是代入模式，但实际体现的还是一个人内心的择偶观。

有没有很腹黑？

☆☆老王解事

顺序体现标准

在表述问题的顺序上，正如前文所述，一个人在放松状态下的表达顺序，与其头脑中对此事的印象的深刻程度相关，除非对方刻意隐瞒和调整。因此，对表达顺序的捕捉，在交流中是十分重要的。

例如，在销售中，和客户进行交流时，客户最先提问的点，通常是他最关心的内容之一。对方在表达选择供应商的标准时，顺序的排列，通常意味着他们选择供应商的标准排序。

这个原理在绝大多数人的工作中也有很大的应用价值。我们基本上都有向领导汇报的经历，当你汇报完毕，领导进行指示时，除了记录他讲的内容外，他表达观点的顺序也很重要，特别是如果在他的办公室里进行的汇报，价值更大。因为在他的办公室里，他的安全感要比在正式会议上更高，所以更能体现出他内心真实的想法。

措辞暴露标准

当我们了解了如何从对方的表述中判断真假之后，就需要从对方使用的措辞中，来判断他看待事物的标准了。这也是对一个人进行了解的最重要的内在痕迹。

请看下面一段正在谈恋爱的男女的对话，哪里可能出问题？

男：听刘阿姨（介绍人）说，你特贤惠。

女：（做害羞状）还好吧。反正我做饭可好了。而且我干家务又快又好。不过，我特别不喜欢刷碗。

男：是吗？我做饭不行。我可喜欢会做家务的女孩了。那咱俩结婚以后，你做饭，我刷碗，好吗？

女：行。我保证把你养得白白胖胖的。

看起来很和谐的对话，已经隐藏了潜在的标准差异了。因为男方很有可能以自己的标准替代了女方的标准，换句话说，双方对于什么叫"贤惠"，是可能存在理解上的歧义的。

也许在男方的心目中，贤惠的女人是像他的母亲那样，真的是干活手脚麻利，收拾家井井有条，做饭让所有人都能交口称赞，照顾整个家庭照顾得特别好。而在女方的心目中，觉得能做10个以上的菜，包括西红柿炒鸡蛋、黄瓜炒鸡蛋、醋溜土豆丝等，再能打扫打扫家里的卫生，就属于很贤惠的了。也许因为她身边的同龄人，能做到这几点的，都已经是凤毛麟角。这样的理解差异，势必造成将来他们在相处时的摩擦。性别互换，亦然。

角色体现标准

每个人在看待外部事物时，都会形成自身的看法。要了解这种看法背后体现出来的标准，有一种很好的方式，就是角色代入。一旦人进入事件中时，无论他选择的角色，还是他选择了某个角色之后所表达出来的观点，都可以将其标准呈现出来。

例如，年轻人在谈恋爱的时候，无论男女，其实都是很想知道对方选择配偶的标准的。但是双方如果是很正式地交流这个问题，对方回答的真实性其实就有所降低了。比较好的方式，是借助于评价他人的方式来观察表达顺序，就如同本节开始的故事一样。

☆✩✬ 开个茅塞

中国有句老话，在表述婚姻选择时，讲究"门当户对"。相信很多人进入婚姻之后，才会意识到这话是多么有道理。

门当户对，其实包括了两层含义。

第一层面的含义：因为双方家庭背景的相似性，使得两个家庭在对自己子女的培养上，会有比较相近的价值观教育。结过婚的人都知道，夫妻双方的价值观相近，对于家庭的长治久安是极其重要的。关于价值观的问题，前面已经有了详细的展开，这里不再赘述。

第二层面的含义：门当户对意味着经济条件相似，培养出来的子女，对待物质的标准也就相似。

两个人生活在一起，看待事物的标准越一致，产生冲突的可能性就越低。例如，两口子都认为衣服不到穿烂，决不能扔，在购置新衣的问题上，就很容易达成一致；两个人觉得生活就应该随意，不要太去精心计划和安排，也就很容易一起实现一次说走就走的旅行。

两人相处时，关于看待问题标准的差异，一般有几种情况：

两人在各个方面看待事物的标准很趋同

这样生活中就很和谐，容易找到琴瑟相和的感受（当然，决定两人相处是否舒服，这只是其中很重要的一个方面，而不是全部），这是最佳的模式。

这一点，不光是夫妻之间，同事、朋友之间相处，也是如此。比如，有的人觉得，一起在外面吃饭，应该轮流买单；而有的人觉得，轮流买单不好，因为有的时候消费多，有的时候消费少，最好的方式是每次AA制。这两种人在一起吃饭，又不明说，肯定会有人内心不舒服。

一方标准高，另一方标准低

例如，一方希望出去吃饭的时候，一定要到大饭店，而另一方觉得无所谓，大排档也可以，没必要在吃饭上花太多钱。结果是谁迁就另一方，谁心里都会有些许不痛快。偶尔为之，一般都没问题，但次数多了，就容易起冲突。

上面两种情况，都是用自己的标准来对待对方，换句话说，就是看待对方的标准，和对自己的标准是比较一致的，这也是生活中最常见的状况。

还有两种是对待自己的标准和对待他人的标准不一致的，结果又会有很大差异。

对待自己的要求高，对待他人的要求低

例如，所谓好男人，就是自己不舍得花钱，但舍得把钱给媳妇花。相信很多女孩看见这样的男人就会想：赶紧嫁了吧。如果女方也是这样对男方，双方之间的感情会越来越深。这是好的相处模式。

如果一个女孩看到追她的男孩身上一共就 100 块，拿出 99 块给自己买了花或其他礼物，很多涉世未深的小姑娘会感动得一塌糊涂，心想：这个男人对我真好，愿意把钱都花在我身上，我就从了吧！

在对这个男孩进行判断时，其实有一个很重要的前提，就是男方在给女方花钱的时候，是量力而为的。假如男孩只是现在兜里只有 100 元，回家还有钱；或者今天虽然没了，但明天会有收入进来，这样的行为都还是理性的。可如果明天连饭都吃不上，或者还得伸手跟父母要，还会拿出基本全部的钱去买花，对成年人来说，这其实是缺乏责任心的表现。

不过，道理很容易讲明白，但对于处于热恋期的女孩来说，恐怕就不容易产生这样的观点了。正如前面章节中谈到的，此时的女孩无法接受的原因，是因为一旦有人说了对其男友不利的话，她的心理状态会迅速变成排斥状态，根本听不进去。

何况，女性感性程度往往比男性高，就更容易产生误判。

这也是为什么追 20 来岁漂亮姑娘的成功率，通常那些行为偏理性的男孩要低，而容易冲动的文艺青年，因为往往不考虑明天咋办，敢于豁出去，反倒成功率更高。

说句玩笑话，这就是我们经常会看见好女嫁赖汉的原因。从这个角度来说，对青春期的男孩来讲，不理性的行为选择，反倒在追求女孩时，成功率更高。当然，随着女性的成熟和社会阅历越来越多，这种做法对 25 岁以上女孩的杀伤力就会迅速降低了。

不久前，网络上有一句话挺流行：我给你一块糖，你看到我给他两块，你就对我有看法了，但你不知道他也曾给过我两块糖，而你什么也没给过我。

这句话其实还是挺有道理的，因为每个人的生活经历不一样，判断事物的标准也不一样。如果我们把句子里的"我"想象成为一个姑娘，"你"想象为姑娘现在的男友，"他"想象为姑娘的前任，就会发现，对姑娘来说，自己对现在的男友其实要比对前男友好，而自己的现任男友并不理解。

可是，如果我们换个角度来看，前任家里是开糖厂的，而现任不光手里没糖，还背了一屁股债，能说前任对姑娘就一定比现任好吗？结论显然也不能成立。

但可以得到的一个比较普适的结论是：有钱敢花，一定比没钱（无论是敢花还是不敢花）的人更容易获得女孩的芳心。没钱就算敢花，关键是也整不出啥花样啊。

这个结论不知道对小人物来说，是会激励他们从此奋发图强，勇于改变自己的处境，最终迎娶"白富美"，还是让他们对这个社会充满了仇视。就我个人的建议来说，当你无法改变社会时，唯一可做的就是改变自己。

对自己的标准比较低，但对对方的要求高

这是配偶之间最糟糕的相处模式，很容易产生激烈的冲突。

例如，一方要求对方不能和异性单独来往，不管是同事、同学、朋友还是客户，不能在微博或微信上与其他异性调侃，拍照时不能和异性发生肢体接触，但自己却喜欢和异性打情骂俏，喜欢与陌生人搭讪，最后俩人不打起来才怪。

去年看到过一个统计数据，说是婚前同居过一段时间的人，进入婚姻状态以后的幸福感要比婚前没有一起生活过的人普遍更高。这个现象用关于标准的理论来解释，就是婚前双方彼此了解了对方的标准，并进行了磨合，磨合之后发现是能够互相接受的，进入婚姻之后，摩擦会少，幸福指数也会更高。

你也许要问，那万一我们在婚前没有意识到这个问题，进入婚姻之后才发现，但又不想分手，怎么办？借助前面讲到的弱刺激理论，可以采取的做法有以下几点：

一是标准高的人，要不断提醒自己，把标准降下来。在两人的相处中，通常是标准高的人痛苦指数要高于标准低的人。如果标准高的人不下调自己的标准，基本上很难实现最后两人之间标准的趋同。

二是标准高的人，慢慢使用弱刺激的方式，来提升标准低的人的标准。这里的弱刺激，主要是运用正面激励的方式，让对方在安全放松的状态下，更容易接受自己的观点。

我们身边有个挺多见的情况，就是两口子里，男方在着装上没有太多讲究，能蔽体即可，而女方则对穿着打扮的要求比较高。如果希望生活一段时间以后，双方标准趋同，则女方除了要适当降低对男方的着装标准要求外，还要慢慢提升男方在着装方面的品位和自我要求。

比如，给男方买质地不错的衬衣，帮他设计发型，选择更吻合男方气质的眼镜，挑选看起来更有型的领带，等等。客观地说，虽然男方对着装没要求，但调整穿着之后，是不是变得更帅气，更容易得到他人点赞，基本上傻子都能感知出来。这就会给男方正面的弱刺激。时间长了，妻子就会发现，丈夫的审美品位有所提高，对自己买好看衣服的接受度也大大增加了。

但如果是在同一事物上，对自己要求低，对别人要求高，用上述方式就比较难解决，可能需要采用下面的第三种做法了。

三是利用强刺激来改变。但强刺激在使用中有个问题，是刺激之后，是不是能按照你所设计的方式来改？就像一个小偷，被抓住以后，挨了一顿暴打，这算是强刺激。但挨打之后，他既有可能从此金盆洗手，改邪归正，也有可能总结经验，以避免将来再次被抓住。所以，使用强刺激的方式来改变对方的标准，还是有风险的。

第五节　子非鱼，安知鱼之乐

○ 微微无忌

有一次开车载着我的好友，行驶过程中，前面有一辆车非常缓慢地行驶在快车道上，我用大灯晃了几次提醒对方让道，结果好友说，如果是他在前面开车，碰到这种拿灯晃他的情况，肯定就不让了。他说如果是按喇叭，他会让；用灯晃，他觉得很没礼貌，就不让。这事给我的印象挺深的。

从我开始学车的时候，我就一直认为按喇叭要比拿灯晃的刺激力度更大，让对方更不爽，但我的朋友的观点让我反思这个标准是否合理。后来还专门做过几次调查，问会开车的朋友，如果后面有人按喇叭或用灯光晃自己，哪种情况显得更没礼貌，绝大多数人选择的都是按喇叭。

☆ 老王解事

千万不要用自己的标准替代了对方的标准

每个人的经历的巨大差异，导致我们看待事物的标准有很大不同，这个道理理解起来不困难，但在现实中，要始终保持这种警醒却很不容易。我们在沟通中，出现沟通分歧时，很多人常见的解释是：我还以为……这就是典型的标准误判。这里给大家举一个我们生活中通常没有意识到出现了标准误判，并且这种误判可能会产生后续不良后果的例子。

相信有很多年轻父母都有过类似的经历。周末，带孩子到游乐场去玩，比如碰碰车吧。由于周末，排队的小朋友很多。等你的孩子排到之后，本来想再玩一会，但你看见后面还有很多小朋友在排队，甚至有的小孩因为排队时间太长还在闹脾气。我们很多父母这时会跟自己的孩子说：我们先让其他的小朋友玩好不好？等他玩好了，我们再玩，大家轮流，好吗？请注意，在孩子成长的过程中，当我们第一次跟孩子提出谦让的要求时，大多数孩子是会接受的，只要让他知道后面还有机会。

这时，孩子接受了你的建议，让后面的小朋友先玩了。可是，后面的小朋友由于家教的原因，在车上始终不下来，他的父母也不干预，你也不好直接去指责。等到那个小朋友终于玩够了，下来了，游乐园也要关门了，结果，你的孩子因为谦让，最后自己没玩上。

对于大人来说，这种事好像没啥大不了的，除了觉得那个小朋友的父母实在差劲之外，对我们成年人来说，这算不上啥事。但我们忘了，我们这时是用成年人的标准替代了孩子的标准。对孩子来说，他把自己的机会让给了别人，本来他已经有所损失，但这个时间上的损失他还是可以接受的。可没想到最后的结果是根本就丧失了玩的机会，这对孩子来说，就是重大挫败。这种事情发生后，如果父母不能及时、正确地引导，以后父母再让孩子去谦让他人时，会发现孩子有很强的抵触情绪。

所以，我们在和他人沟通时，对于对方所讲述的负面强刺激事件，切勿以自己的标准判断强度，而要以对方的感知作为标准。当然，这件事说起来容易，做起来非常困难。

就像上面吐槽的按喇叭和晃灯这两种行为，不同的标准没有对错，完全是由于个人的经历所产生的感知差异。但从这件事中，我们可以发现，由于每个人的成长经历有很大的差异，我们在沟通中，想做到真正的换位思考，在理论上是不可能完全做到的。我们只不过是以自己的视角来模拟对方的视角和标准去进行判断，以期尽可能理解和感知对方。但我们永远不可能做到百分之百和对方的标准与感知完全相同。

虽然标准不可能完全相同，但有一点我们是可以做到的，就是在沟通中遇到分歧的时候，一定要提醒自己：千万不要以自己的标准替代别人的标准！最糟糕的就是，标准不一样，但大家还都没意识到这个问题，那分歧就很难得到圆满的解决。

这就可以解释，为什么成长背景（包括家庭背景）相似的人，沟通起来往往会比较容易，是因为认知的标准有很强的相似性。

自己创业这些年，也能很明显地体会到这一点。几年里，做了不少咨询业务，我发现，将十几年央企集团总部的工作经历，让我与国企客户或从国企改制过来的，或老板出身于体制内单位的民企进行沟通时，双方在很多问题上能快速达成高度一致，其原因就在于过去经历形成的标准的相似性。

为什么会出现标准的误判

接下来，我们来分析一下为什么会出现标准的误判。主要原因有两点：

一是没有尽可能站在对方角度来思考问题，立场决定了标准的差异。要减少因为这个原因所产生的标准认知差异，最主要的方法还是要形成换位思考的习惯。

二是在技术层面上，没有把对方在表述中所提到的标准转化为客观的表达方式，从而产生理解差异。

例如，什么叫好看？我有时会问学员，章子怡好看吗？很有意思的是，男性学员基本上都认为章子怡好看，但女性学员中，则有一部分人认为章子怡长得挺一般。

每个人对美的认知标准差别很大，仅仅是"好看"两个字，其实根本无法做到认知的一致。因为这个词并没有把评价的标准用具体的方式描述出来。

我们如果用这样的方式来描述：好看的姑娘，应该是双眼皮，瓜子脸（但下巴不能太尖，否则会像妖精），樱桃小嘴，长发披肩，九头身（身体与头的比例是9比1），等等，标准就具体多了。虽然依然还存在不够精准的描述（例如，什么叫下巴不能太尖，头发多长算长发，其实还是有认知差异的），但至少与"好看"这两个字的描述相比，标准的一致性程度是大大增加了。

解决标准差异的沟通方式

通过上述的例子我们会发现，让我们在沟通中产生认知差异的措辞，基本上是形容词和副词。因为一个人在表达自己观点时，评价结果最后基本都体现在他所使用的形容词、副词上了，例如好坏、多少、优劣等。

所以，我们如果希望尽可能清晰地把握对方看待问题的标准，就需要想办法搞明白形容词和副词背后的评价标尺。对此，我们可以通过以下几种方法来澄清标准：

1. 以数字说话

隔壁老王说段子

前些年，跟一些朋友聊天，有的朋友觉得日子过得很苦，非常累。我们就会聊起具体的工作时间。几个朋友跟我说的是，每天要工作10个小时以上（不算路上时间），已经好几年了。

说老实话，这个工作的强度的确是不低的。不过，当我跟他们讲我已经10多年每天工作12~14个小时，除了春节之外，其他基本没有休息，基本没有休假，很少娱乐的情况之后，他们纷纷表示，以后无法再在一起愉快聊天了。

日子过得苦不苦，每个人的标准差别很大，如果不是用这种数字的方式量化出来，我们对他人的标准就很难有准确的感知。

微微盘道

数字是最客观的判断尺度，是最不会产生标准理解偏差的表达方式。因此，尽量使用数字的方式来描述自己的观点，是非常好的方式。

例如，什么叫有钱？有多少钱才算有钱？每个人对于有钱的标准是差异巨大的，没有数字的支撑，就很难做到理解的一致。对于大多数人来说，身家上亿应该算是很有钱了，但对于国民老公来说，这点钱可能还入不了人家的法眼。

这几年流行一个说法："高帅富"。大概每个人对于"高帅富"的理解都是不一样的，南方人和北方人对高的标准不一样，中国人和外国人对帅的标准不一样，家庭条件较好的和家庭条件较差的对富的理解也不一样。所以，从逻辑上说，每个男人都有可能是"高帅富"，前提是找到个比你矮，长得比你丑，钱也比你少的"矮矬穷"。这么想想，是不是觉得成功其实并不远？

☆ 老王解事

一个人在表述时，是否会多使用数字来描述事件，会体现出以下几方面的可能：一是描述者对于事件有着非常清晰的细节感知，所以可以很自然地将数字表述出来；二是表述者本身是数字敏感性较高的人，他的认知习惯中，数字是对事物进行判断的重要依据。所以，在和那些经常与数字打交道的人群交流时（例如做财务、投资等工作的人），他们在表达中，应该能观察到喜欢使用数字的习惯。

数字本身，也是细节的表现方式。所以，如果应该出现数字而没有出现的时候，也是需要对事物的真假进行判断的。

☆ 开个茅塞

经常听一些单身女性朋友在讲找自己另一半的标准，除了家庭、长相、工作等之外，基本上都有一个共同的标准：我可以不要求你很有钱，但至少嫁给你，我的生活质量不能下降。

从外人来看，这个标准并不清晰。但对于追求这样的女孩的男人来说，标准就容易判断出来。你只要知道女孩的收入水平，如果你的收入水平比她高，同时还不是负债经营，也就是每个月除了自己的正常支出外，还可以有钱花在她身上的，就是达标人群了。

2. 用案例或事实来描述

💤 隔壁老王说段子

我刚参加工作的时候，住单身宿舍，那会工资很低，出去吃也吃不起，一群年龄相仿的同事时不时一起搭伙做饭。有一兄弟，人不错，就是不爱干活，平时做饭啥的基本不沾。有一次快到饭点了，说起做饭的事，我们就调侃这哥们，说他老是白吃，这哥们脸上有点挂不住，回应我们说：我不做，是因为我不屑于做，把锻炼的机会给你们啊。我们继续激他：你不会就直说，既然那么笨，就不用你做了呗。结果这哥们做恼羞成怒状，说：那我今天就做给你们看看！说着起身，拿起我的锅（当时都在我的屋里聊天，而且他自己只有碗，没有锅），提着酱油，就往门外走。我说你要干吗？他说，我给你们炒个鸡蛋。我：你准备怎么炒？他：那还不简单，把火点着，放点酱油，然后把鸡蛋打进去不就行了！

当时我的收入很低，那口锅是我重要的固定资产，为了保障固定资产的安全，我急忙将他按住，同时承诺，以后再也不提让他做饭的事了。

◯◯ 微微盘道

在实际沟通中，有很多事情也难以用数字来描述出来。例如：什么叫服务好？这个表述本身，其实不同的人的理解会有巨大差异，而用数字化的方式也很难表达出来，那就需要用具体的事例来呈现了。

我有一次上课时，问学生，谁觉得自己做菜水平还不错？一位学生举手，说自己还行。我问：你最拿手的菜是什么？他想了想答道：拍黄瓜。虽然这个回答当时让我有点崩溃，但本着不轻易下结论的态度，我让他继续描述他怎么做拍黄瓜。

答曰：黄瓜买来，洗干净，把两头的尖去掉，然后用刀拍散，之后拿刀切成一块一块，再放上蒜，撒上盐，放点香油，搞定！

够了！以后这个水平就不要再讲你会做菜了，好吗？

一个人会不会做菜，一定可以用清晰的细节、完整的事例来体现出自己的水准，并且在表述的过程中，把自己的标准呈现出来。

再讲一个好玩的例子。一次给学生做心理辅导，问他过去的经历中，哪个阶段相对最苦，他想了一下，说是初中的时候。我问为什么，他说：家里穷，别的同学都有变形金刚，他没有，那段日子最苦。我只能对这位小朋友说，人生还很长……

所以，想了解一个人看待事物的标准，如果无法用数字来搞清楚，就可以让对方描述具体的事实或案例，通过他们对事实或案例的评价，来获取对方内心的标准。这种方式，在工作和生活中，也是非常有效的。

3. 在假设的情境中发现标准

○ 微微无忌

我估计有一个问题，女孩问出来之后，会让很多男人非常崩溃。就是大家所熟知的：我和你妈都不会游泳，同时掉水里，你先救谁？

这是一个非常典型的情境类问题，从对问题的回答中，可以看出男性内心看待自己母亲和媳妇的排序标准。这个题目其实不管怎么回答，男性基本上都很难通过女性的后一个追问。如果男的回答：当然先救我妈了（也许这真的是很多男人当时内心的想法，只不过有的人不敢这么说而已）。女的可以追问：那以后是你跟我过日子还是你妈跟你过？看来你不爱我！男：囧。

如果男的回答：先救你啊，亲爱的。女的可以说：真的吗？我才不信呢。人家不都说，妈只有一个，老婆可以换吗？你为什么不先救你妈？

男：倒。

所以我们这些将来要当婆婆的人，首先要学会游泳，万一掉到水里，麻溜地游上岸，别给儿子添麻烦。

☆ 老王解事

我不去评论这样的问题对于男女双方和谐关系的建设到底是毁灭性的，还是积极正面的，就从问题本身来说，其实是能很好地观察回答者标准的问题。不过，事实上，这个问题从人性的角度来说，是有着标准答案的。

2014年发生过真实的案例，某男人的老妈和老婆真的同时掉水里了，他先救的是——谁近救谁啊！

人在这种状况下的下意识反应，其实是非常吻合人性规律的。当然，男性读者不要以为这个回答可以作为一个圆满回答把你的女友搪塞过去了，因为女性还可以继续做下面的情境假设：那假如我和你妈离你一样近，怎么办？

说老实话——我也不知道。要不，您换个不会问这种问题的姑娘？

上面的方法，是给对方提供一个假设的情境，看对方在这种情境下的选择。此时，关注的要点不在于具体的结果，而是选择这个结果的原因。

这种方法，在管理中其实非常常见。领导在给员工布置工作，面试官在和候选人沟通时，都会问到类似的问题：如果你遇到了什么样的情况，你会怎么做？提问时，如果希望这个问题的效果能好，那最好这种情景是来自于工作中一定会遇到的现实状况。

在设计假设情境时，除了问题最好来源于现实工作和生活中会遇到的真实情况外，如果希望让问题难度更大，可以更清楚地观察到一个人为人处世的标准，还可以在问题中增加冲突。

为了更好地说明这一点，我们用工作和生活中常见的问题来示例。

问题一：假如你来带这个团队，你准备如何着手开展工作？

问题二：假如你带这个团队，上任以后发现，你的团队成员并不服你，其中有一个资历很老的员工，自恃和公司领导关系不错，不断挑战你的权威，甚至还准备替代你，而你的上级又是个和事佬，在原则问题上总是和稀泥，你准备怎么开展工作？

问题三：假如咱俩结婚了，你觉得你应不应该把钱交给我管？

问题四：假如咱俩结婚了，你想把钱交给我来管，可是你妈不让，你怎么办？

很显然，前两个问题与后两个问题分别都是了解对方在同一事物上的处理标准，而第二题和第四题的难度要比第一题和第三题的难度高很多。原因就在于前者增加了很多冲突。冲突越多，问题难度越大，也越容易看出一个人看待问题的标准。

在设计冲突的时候，我们会发现，冲突无非分为三种类型：

- 人与人之间的冲突。比如，上级与上级之间的冲突，上级与同事之间的冲突，销售与技术之间的冲突，等等。
- 事情与事情之间的冲突。领导安排你出差，可是爱人本身常驻在外，你要出差，家里孩子就没人带了，怎么办？
- 人与事之间的冲突。例如，你想创业，但你爱人却不同意。这就是属于人和事之间的冲突。

最后，再给读者出一个问题吧。这个问题是我在长江商学院给MBA上课的时候，一位同学问我的。

如果在工作中，你的领导和领导的领导打得死去活来，分别都拉你跟他们混，怎么办？

当时这位同学就是因为没有处理好这个关系，被迫辞职了。这个题的难度很大，我上课问了很多人，反正没有发现比我给的答案更好的。

☆ 开个茅塞

从对假设情境问题的回答中,除了可以看出一个人看待问题的标准之外,对于这个人的情商和为人特点,有时也有很好的帮助。

不久前,在朋友圈里看到一篇转发的采访,是关于王家卫的。其中,有人问了这样一个问题:王导,张国荣和梁朝伟谁是您最爱的演员?

王家卫:醉花宜昼,醉雪宜晚,是不同的味道,碰上是我的幸运。

这个回答真的很赞啊。提问实际上是给出了对两个人进行比较的假设情境,但大导演生生回避了这个问题,把两个可比的人变成了不可比,而且回答的措辞本身也很精妙。没有足够高的情商和智慧,很难做到一点。

当然,我更想知道的是,如果是王家卫被问到先救媳妇还是先救老妈这个问题时,他会怎么回答。

4. 发现关键措辞

💤 隔壁老王说段子

我有一次上课,问学员"叟"这个字的意思,因为是口语化的表达,大多数人都会说"老人""老头"之类的。这时,有个学员说:老者。这就是非常态的措辞表达了。因为"老者"更多出现在书面用语中,而这位学员非常熟练地使用了,说明她过去的经历应该有着相对特殊的点。

我问她:你是学中文的?她说不是,但有点相近,是学新闻的。

○ 微微盘道

在沟通中,对方所使用的措辞,如果出现了不是很常见的表达时,往往是重要的痕迹。沿着这个痕迹寻下去,对于了解对方内心的标准有很大帮助。这个痕迹的挖掘能力,与我们在交谈中对措辞的敏感性有关。

例如，在马航 MH370 出事之后，马来西亚总理在新闻发布会上，关于航班最后的结果，使用的是"end"而不是"crash"，这背后其实是有深意的。只不过我们没有办法去进行进一步的沟通获得更多的信息，所以结论无法得出。

在沟通时，当对方的表述中，使用了与你预想的词汇不一样的表达时，请关注这种措辞背后的原因，如果有可能，尽量要去追索为什么使用了这个词汇。对关键措辞的持续挖掘，有可能帮助我们发现对方真实的内心世界。

怪异或非常态的措辞表达，也需要进行探究。这里的怪异，不一定要理解为奇葩，而是大多数人在同样场合，可能不会使用的表达方式。

还有一次上课，提到了高考失败后再次考学的事，有个学生使用了"留级"这个词来表达。通常这种情况我们会称为复读。复读谈不上是什么差或不好的事，也算是中性的表达。但如果一个人用"留级"的方式来表达，往往意味着表达者在内心对此事的负面看法。同时，大多数人在对与自己有关的事件发表看法时，并不倾向于使用会给自己造成负面评价的用语，因此，可以推论说这话的学生自己应该没有复读过，而且成绩还是不错的，所以才会使用负面评价模式。

措辞背后，是一个人内心标准的极其重要的体现。但我们在沟通中，往往缺乏对这种措辞的足够敏感性，所以丢失了很多对人、对事进行观察和判断的机会。有的时候，一个看似很常见的词，在不同的语境下，仔细品味，也能发现表述者内心的真实看法。

5. 内心标准变化的原因

○ 微微无忌

根据我的观察，大学期间没有逃过课的（包括选修课），基本上属于人间奇迹了。对于奇迹，此处仅留仰慕。

还记得你第一次逃课的经历吗？具体细节可能忘了，但当时的感受你一定还记得：内心的紧张和生怕被老师点名发现的不安。

但到了大四，很多人再逃课的时候，基本上已经没有任何心理障碍了，甚至连上课的同学发信息告诉你说：嘿，今天你运气好，被老师点名了！你在床上懒洋洋地翻了个身，伸着懒腰，打着哈欠说：无所谓了。

☆ 老王解事

这是经历带来的标准变化。前面讲了很多如何识别对方看待事物内心标准的方法，那每个人内心的标准会发生变化吗？答案显然很清楚：一定会。但变化的原因是什么？两个字：经历！

不知你是否还记得几年前的影片《投名状》？投名状就是上山之前，想入伙者要有所表示，要么杀人，要么越货。有的人可能会觉得，这么做的意义在于入伙者从此有了案底，就不容易再走回头路了。不能说这样讲没道理。

从另外一个角度来说，一个人干了坏事之后，他看待事物的标准就发生了改变，这才是最重要的。让一个没有杀过人的人去杀人，很难；但让一个杀过人再去杀人，就要容易很多。我们每个人的内心标准是不断变化的，与个人经历高度相关。这就是为什么干过坏事的人，再干坏事一定会比没干过坏事的人更容易的原因。

☆ 开个茅塞

这些年，我们在新闻中可以看到不少老人为老不尊的报道，网上有一句话讲得非常有意思：不是老人变坏了，而是坏人变老了。一个人是所谓的好人还是坏人，和年龄真的没有必然联系。小流氓没人管教，不受惩罚，到老了肯定还是个老流氓。因为坏事干得多又没受到惩罚，他做坏事的底线就会越来越低。

看看网上的一些评论，有时真的感到整个人都不好了，因为有太多的人，往往是用一个标签来形成对人或事物进行判断的标准。在没有了解到事情的真相之前，仅仅因为这样的标签，就破口大骂，或是污言秽语，完全不去做理性的思考和分析。这类人最大的问题就是在对外界事物的判断上，总是在以自身感性的认知标准来得出结论。

几年前，"山西煤老板"这个词快成了没文化、没品位的暴发户的代名词了，但谁能说所有山西煤老板都是没文化、没品位的人？

警察、城管里面，的确存在有土匪，但警察、城管与老百姓或小贩发生冲突时，就一定只是警察或城管的错吗？

在没有了解到事情真实的全貌之前，不盲从，不轻信，不宣泄，不轻易下结论。

不过，最后还是要强调的是，无论你怎样努力站在对方的角度，你毕竟不是对方，所以，永远无法做到你清楚对方的标准，就像清楚自己的标准一样。

第六节 真相重要吗

○○○ 微微无忌

在写本书的日子里，从朋友圈看到一篇文章，标题叫：《真相，有的时候真的不重要》，先看看这篇文章吧。

出差外地，在好友家留宿。发现她有一个细心却唠叨的婆婆，她却与其相处甚好。

那天，我们在大排档吃了夜宵，肚皮溜圆地回家。好友拿出两盒鲜奶，递给我一盒。刚要喝，她的婆婆忽然喊道："赶紧吃点东西，不能空腹喝牛奶！"

我觉得她真是不可理喻，我们明明刚从外面吃东西回来呀！

好友似乎看出了我的心思，悄悄做了个制止的手势，拿出一片面包，给我撕了一点，自己又撕下一点。

老太太看我们将半口面包塞进嘴里，喜滋滋地忙别的事去了。

"我们刚吃了那么多东西，根本不是空腹。你为什么不和她说呢？"我不满。

好友拍拍我，笑着说："如果她能在这件小事上获得成就感，我们又何必告诉她真相呢？真相对她不重要，对我们也没意义，不过是半口面包的事。"

这是我第一次听到"真相不重要"。

多年来，我受到的教育都是要坚持真理，如果你觉得对方错了，一定要指出来，帮助他改正，严是爱，松是害。

放弃不重要的真相，并不是让人做墙头草，而是坚持该坚持的，放弃不该坚持的。

真相重要与否，不在于你的感受，而在于这件事是否会对结果产生本质的影响，是否会改变一个人、一件事，是否关乎道德与底线。

如果一个人，常常凭着直觉去辩解与忤逆，日积月累，会成为一个真实却毫无教养的人。

在无关紧要的真相上，无谓消耗，使人际关系越来越糟，那其实不是追求真理，而是另外一种意义上的浪费生命。

不知作者是谁，也无法标明出处了。只觉得写得不错。里面的一些观点，我觉得可以作为本书很重要的补充。

☆老王解事

本书这一部分写的是如何去发现事实的真相，了解对方的标准，但不代表我们在每件事上都需要这么去做。每个人都有自己的过去和经历，有很多事无须刨根问底。把一些不重要的事情的真相再挖掘出来，对于所有相关的人，可能会带来另一次的伤害。当然，冤案除外。

我这几年上课讲痕迹识人，有不少学员会问我，是不是上了这课以后，没朋友了？或者每天都这么去琢磨人，累不累啊？借着上面的文章，也说说我的回应吧。

我朋友很多，与他们相处的时候，如果能更好地了解他们，采用他们更喜欢和习惯的方式与他们交往，就可能做到让他们感到与我相处是愉悦的，这使得大家的交流变得非常轻松，此其一；其二，努力去观察和识别他人，是需要用心的，也的确会很累。但我们训练出这样的能力，不代表在生活中的时时刻刻都需要运用。就好比你是一个武林高手，具备了开山化石的手段，但不意味着你需要见山开山，见石化石。有能力，但不滥用，知道在哪些情况下用"难得糊涂"的方式来面对，才是高手的修为。

当然，作为一个严谨的人，还是要说，在很多事情上，是不可以不去了解真相的，比如用人、业务合作，等等。

☆开个茅塞

在网上看到网友的签名档，很有意思：我可以接受你的过去，但你不可以用你的过去侮辱我。

知道对方太多的过去，其实反倒有可能让自己背上过度的负担，与其努力让自己接受，何不索性不去了解？从另一个角度来说，如果你觉得自己的过去不尽如人意，为什么还要不断提起？

"忘记过去意味着背叛"这句话，不是在所有时候都是真理。佛教里的"放下"，其实也包含了这方面的意思。

后 记

如何对人进行准确的观察和判断,这是一个让我思考了很长时间的问题。

从大学毕业开始,做了各种各样与人打交道的工作。在观察中我们会发现,不管是做管理,做销售,做人力资源,做老师,甚至是谈恋爱,交朋友,其本质都是在跟人打交道。如果我们能掌握识人的规律,对于我们了解对方,知道如何驾驭我们之间的沟通与交往方式(注意,是驾驭沟通与交往方式,而不是驾驭对方),会有很大的帮助。于是,从既有的经验中提炼出规律,让更多的人去了解,就成为写作的初衷。

这本书从构思到动笔,花了一年多的时间。忙是一个原因,其实更重要的,是发现,当我们越是深入思考对人的观察和判断的规律时,越是感受到人的复杂性远非这样一本书可以描述出来的。甚至,在个别时候,还会产生对做这件事的敬畏感——真的找到了识别人心的规律了吗?

幸好,基于本书的内容,从 2013 年开发了"痕迹识人"的课程,分别按照在面试、管理和销售中的应用,设计了不同的版本,在将近两年的时间里,给数十家企业做了培训,成为最受欢迎的课程。同时,也在实践中运用本书的理论对人进行识别和判断,对他人进行影响和改变,虽然不敢说百分之百有效,但准确率还是给了我们足够的信心。再加上听过课的很多朋友不断催促,痛下决心,终于成稿。

本书的结语,想用后面几个要点来总结,也算是再一次的弱刺激吧。

- 强刺激改变价值观,重复弱刺激塑造习惯。
- 痕迹体现一个人的过去,观点暴露一个人内心的标准。
- 造成痕迹的原因有很多,不可仅仅根据痕迹便妄下结论,而要从痕迹入手,通过沟通和逻辑判断,得出大概率的结论。
- 我们对人的判断不仅来自于"手熟",更需要在生活中观察、总结与感悟。